清华新闻书目导读
（100种）

RECOMMENDED BOOKS
OF
JOURNALISM BY
TSINGHUA UNIVERSITY

李彬　李海波 ◎ 主编

清华大学出版社

北 京

图书在版编目(CIP)数据

清华新闻书目导读：100 种/李彬,李海波主编. —北京：清华大学出版社，2018（2024.8重印）
ISBN 978-7-302-48511-7

Ⅰ．①清⋯　Ⅱ．①李⋯ ②李⋯　Ⅲ．①新闻学－传播学－图书目录　Ⅳ．①Z88;G210

中国版本图书馆 CIP 数据核字(2017)第 233278 号

责任编辑：纪海虹
封面设计：傅瑞学
责任校对：王荣静
责任印制：曹婉颖

出版发行：清华大学出版社
　　　网　　　　址：https://www.tup.com.cn, https://www.wqxuetang.com
　　　地　　　　址：北京清华大学学研大厦 A 座　　　邮　　编：100084
　　　社　总　　机：010-83470000　　　　　　　　　邮　　购：010-62786544
　　　投稿与读者服务：010-62776969，c-service@tup.tsinghua.edu.cn
　　　质　量　反　馈：010-62772015，zhiliang@tup.tsinghua.edu.cn
印　装　者：天津鑫丰华印务有限公司
经　　　销：全国新华书店
开　　本：182mm×257mm　　　印　张：13　　　插　页：2　　字　　数：296 千字
版　　次：2018 年 11 月第 1 版　　　　　　　　　　印　　次：2024 年 8 月第 5 次印刷
定　　价：55.00 元

产品编号：072984-01

代序

把"阅读"培养成为新闻工作者的一种爱好
——关于年轻人读书问题的对话

南振中

新华社原总编辑

新华社总编室、驻社纪检组、机关党委联合主办"总编辑读书时间"系列讲座活动，邀请我同年轻同志谈谈读书问题。为了做到有的放矢，我请讲座的组织者帮我了解以下问题：

（1）据报道，美国人读书兴趣下降，日本人正日益远离读书。那么，新华社的年轻人"读书兴趣"如何，促使自己读书的动力是什么？

（2）在读书过程中有什么心得，积累了哪些经验？

（3）在读书过程中遇到了哪些矛盾，有什么困惑？

（4）有无网上阅读习惯，网络时代在吸收知识的渠道和阅读方式等方面应该做何调整？

（5）还有哪些希望在座谈会上得到回答的问题？

我本来希望讲座组织者向我提供 10 份调查材料，可是，提出这一要求的当天，他们就送给我 27 份回收的调查问卷。我仔细阅读了这些材料，年轻朋友们的进取心态和热诚期待令我感动。我不打算采用逻辑推理"三段论"的方式：一上来引用古今中外劝学名言，阐述读书的重要性；接着介绍若干种读书的方法；最后以"持之以恒、必有好处"收尾。我准备针对大家在读书过程中遇到的矛盾和困惑，以及年轻同志希望得到回答的问题，做力所能及的回应。这不是"讲座"，而是一次面对面的"集体谈心"，也可以说是围绕读书问题的坦诚对话。对此，我回答 10 个问题：

1. 新华社国内部一位同志谈到中国识字者图书阅读率下降；驻社纪检组和外事局的几位同志提出，在浮躁的社会环境中保持对读书的兴趣至关重要。可见，培养读书兴趣已经成为年轻人的一个关注点。我愿意首先回答这个问题。

我的"读书兴趣"是 20 世纪 60 年代初在郑州大学学习时培养起来的。当时正值中国三年困难时期，生活艰苦、思想多元，对于"红"与"专"的关系存在一些糊涂认识，主要偏差是对知识分子重视不够，对专业学习和研究重视不够，甚至谈"专"色变。就是在这种大背景下，1962 年 3 月，周恩来、陈毅在全国科学工作会议、戏剧创作会议上发表了重要讲话。陈毅同志对与会的知识分子说："你们是人民的科学家，是社会主义的科学家，是无产阶级的科学家，是革命的知识分子。""科学家是我们的国宝！真正有几个能替我们解决问题的人，一个抵几百个！""不重视专业学习，我们国家的科学文化就将永远落后。"陈毅同志的讲话激起全场60多次掌声。

这个讲话传到郑州大学，师生欢欣鼓舞。学校教务处把北京大学中文系500种"阅读书目"印发给全校师生。图书馆延长开馆时间，开架阅览室向学生开放。浓厚的教学和科研氛围、良好的阅读环境，为我们开启了知识之门。我主动放弃了对"100分"的追求，把考试目标调整为80分。在放松的状态下，阅读不再是一种负担。除了上课，白天我到开架阅览室读书，晚上把从图书馆借来的图书带到宿舍阅读，星期日到河南省图书馆摘抄有关资料，广泛涉猎中外名著。中文系举办"师生阅读成果展"，把我的读书笔记征集为"展品"；高教部一位副部长到郑州大学搞专题调研，了解学生课外阅读情况，教务处通知我在座谈会上代表中文系学生发言。从大学毕业到现在，44年过去了，我的读书爱好未改，阅读兴趣未减，这是聊以自慰的一件事。

把"阅读"培养成一种个人爱好，这是克服"阅读疲劳症"的有效方法。每个人都有自己的爱好：有的喜欢爬山；有的喜欢打球；有的喜欢游泳；有的喜欢跑步。这几项活动体力消耗很大，不能说不苦、不累。一个体重60公斤的人，每天运动1小时，游泳将消耗360卡路里，打羽毛球将消耗456卡路里，跑步将消耗900卡路里，爬山消耗的热量会更多。一些参加运动的人常常累得汗流浃背、气喘吁吁，可很少有人抱怨"苦"和"累"，就是因为运动已经成为他们的一种爱好，"快乐感受"已经融入"苦"和"累"之中。从喜爱运动的同志身上我受到启示，悟出了一个道理：没有读书爱好，读起书来会觉得枯燥乏味，有了读书爱好，读起书来就会觉得兴味盎然；没有读书爱好，读起书来会觉得又苦又累，有了读书爱好，读起书来就会感到轻松愉快；没有读书爱好，读起书来"三天打鱼、两天晒网"，有了读书爱好，读书融入自己的生活，就容易做到手不释卷。有志于通过阅读开阔视野、提升能力、陶冶情操的年轻人，不妨从培养自己的阅读爱好做起。

2. 浙江分社和总社外事局的一些同志提出，在快节奏的社会里，大家做事都考虑付出和产出，怎样才能使读书对自己的工作有较大帮助？读书的推动力主要有两个：一是兴趣；二是需求。这里说的需求，包括工作需求、生活需求、信息需求、审美需求、休闲需求、心理需求。我想联系自己23年前经历的一件小事，谈谈工作需求对读书的推动作用。

1985年年初，我从山东分社调到总社工作，担任总编辑室副总编辑，10个月之后，又担任总编辑室总编辑。肩上的担子越来越重，而我的知识储备严重不足，理论水平和审阅稿件的能力远远没有跟上：我对摄影报道很不熟悉，对技术问题非常陌生，对国际问题知之甚少。1985年4月，我开始独立值班发稿。一天夜里，国际部一位同志收到一篇关于美国问题的稿子，由于涉及的问题比较敏感，需要找值班副总编辑商量。当时，总编辑室有两位副总编辑对国际问题比较熟悉，这位同志想把稿件送给这两位副总编辑中的一位。他先打了个电话到总编辑值班室，问晚上哪一位副总编辑值班。当秘书告诉他我在值班时，这位同志说："那就算了吧！""那就算了吧！"这5个字简单明了、含义深刻。据我了解，国际部的这位同志是研究美国问题的专家，关于美国问题的敏感稿件，连他都觉得"拿不准"，而我原本是山沟沟里出来的一个"农村记者"，对美国问题连"一知半解"的水平都没有达到，仅凭少得可怜的知识储备怎么能对稿件作出准确判断呢？即使这位同志当天晚上真的把稿件送到我的手里我也处理不了，还得请教熟悉情况的老同志。"那就算了吧!"这句话蕴含着对我的了解、理解、体谅、期待与鞭策，绝不能误认为是对自己的"不尊重"。

独立值班发稿后遇到的这件事，使我受到很大震动，它使我明白了一个非常简单的道理：一个人的能力和水平，绝不会因为职务的提升和岗位的变动而"自动提高"。如果不下功夫刻苦学习，不想方设法尽快提高自己的"能力"和"造诣"，就很难取得审发稿件和组织指挥报道的发言权，就会成为"徒有虚名"的业务领导干部。

为了弥补知识缺陷，我抓住薄弱环节，首先从学习国际知识入手。我请解放军分社的同志帮我从部队测绘部门找来一个很大的地球仪，放在写字台的一角，经常转动、查看。无论哪个国家和地区发生了重大事件，我都让值班秘书把这个国家和地区的相关资料借来，仔细阅读。外事局安排我会见外宾，会见前几小时，我从国际部资料室借来几大本资料，尽量熟悉这个国家的政治、经济、军事、文化等情况，我把这种学习方法叫作"突击充电"。我还向熟悉某一国家和地区情况的编辑、记者请教，对一些重大国际问题进行专题思考。对于摄影报道也是如此。我借阅过不少资料照片，阅读了许多摄影理论著作，刻苦研究摄影工作规律。从 1986 年开始，我陆续撰写了《新闻摄影理论研究和新闻摄影改革》《电视的冲击和报纸总编辑的慧眼》《新闻照片的思想内涵》《捕捉改革大潮的精彩瞬间》《把正在发生的事件摄入镜头》《"摄影形象"：一个值得精心研究的重要课题》等摄影理论文章。持续不断地学习和思考，对弥补我的知识缺陷起到了促进作用。

提高造诣是一个漫长的过程。在一段时间里，某一方面的知识缺陷刚刚得到弥补，新的知识缺陷又会暴露出来，这可以说是"工作需求"对读书的"可持续推动"。进入 21 世纪后，面对极其复杂的国际、国内形势，我明显感到自己的知识缺陷越来越多，破解难题的能力同党、国家和人民的要求不相适应。如果不及时破解报道中遇到的各种难题，新华社新闻信息报道就会进入一个平台期，事业发展将会受到很大影响。要破解这些难题，必须刻苦读书，吸收新知识，拓展新视野。2004 年，为了把握科学发展观的内涵，我阅读了《增长的极限》。这本书的作者写道："一个人的眼界局限于太小的领域，是令人扫兴而且危险的。一个人全力以赴，力求解决某些刻不容缓的局部问题，结果却发现他的努力在更大范围内发生的事件面前失败了。"这段话使我懂得了打破"眼界局限"的特殊重要性。长期以来，一谈到经济发展，我们的眼睛就会盯住"国内生产总值"的增减。读了《B 模式》这本书，对经济和社会发展目的、发展规律、发展道路、发展原则、发展方法、发展战略、发展模式、发展方针等一系列重大问题有了新的理解，有了一种"豁然开朗"之感。2005 年，为了研究新华社在展示国家形象方面肩负的责任，我阅读了《国际传播与国家形象》和《交流学》；2006 年五一节之前，为了组织"长假与'休闲学'"专题报道，我阅读了与"休闲学"和"闲暇学"有关的论著。据营销总平台反馈的信息，不少用户认为新华社"长假与'休闲学'"的报道策划独到，让人耳目一新，引领了"休闲学"新闻报道的新潮流。

工作需求推动读书，读书提升工作水准，这就是工作与读书的辩证关系。

3. 总经理室一位同志提出，想知道哪本书对我的触动最大、产生的影响最大？

不同阶段、不同领域，对自己触动最大的书是不同的。就新闻业务而言，对我帮助最大的一本书是《我们的经验》。

1964 年 8 月，我大学毕业后被分配到新华社山东分社当记者。报到后的第二天，社长林麟同志找我谈话，要我先跟着文教组老记者学习采访。林麟同志送给我一本书，就是《我们的经验》。拿到这本书，我如获至宝，连夜翻阅，其中《文教记者的活动》一文给我留下深刻印象。

《文教记者的活动》讲了一个假设的故事：一天，有两家报纸的两个文教记者一同到科学俱乐部去玩。那里有几个科学家在聊天，有一个科学家在闲谈中随便提道，他最近去桑乾河流域，在那里发现了一块"泥盆纪"的石头，是加工过的。第二天，其中一家报纸以通栏标题刊载了一条消息，说中国猿人并不是人类最早的祖先，报纸还刊登了在桑乾河发现的泥盆纪石块的照片。这条消息是到科学俱乐部去的两个文教记者中的一个写的。另一个文教记者因为缺乏关于地质学的知识，不了解泥盆纪是什么意思，认为捡到一块石头是非常普通的一件事，喝了杯茶，就先回去休息了。

原来，"泥盆纪"比发现中国猿人头骨的地层的地质年代要早 3.2 亿多万年。而对石块进行加工，只有人类才能做到。那位写消息的记者把这两个概念联系起来思考，推知世界上有比中国猿人更早的人类存在。于是，这条震动世界的消息被他采访到了。

这个假设的故事并不是事实。它就像寓言一样，假托故事阐明哲理。作者写道："知识，对于文教记者有何等的意义，从这个假设故事中可以看出一二。"文教报道所涉及的知识领域几乎包含了人类已经知道的从远古到现代、从地球到宇宙的一切知识。文教记者总是不断地在他陌生的知识领域中跋涉，因而需要十分丰富、广泛的知识。我暗下决心：既然走上了记者之路，就要刻苦学习"从远古到现代、从地球到宇宙"的各种知识。

44 年过去了，《我们的经验》至今仍存放在我的案头。它时时提醒和激励我，使我在吸收知识的途程中不敢稍有懈怠。

4. 国际部几位同志提出，工作忙、杂事多，应该怎样安排读书计划，怎样根据自己的研究选题确定阅读重点？

20 世纪 70 年代我曾经制定过"读书计划"。不能说这种计划没有用处，但在实践过程中我渐渐意识到"读书计划"必须以"人生规划"为指导。年轻同志最好用积极向上的"人生规划"来影响和带动自己的"读书计划"。

1985 年 1 月 1 日，我即将离开工作和生活了 20 余年的山东分社，奉调到总社工作。在当天的日记中，我把自己的一生大体划分为三个"20 年"：第一个"20 年"是学习和积累知识的"20 年"；第二个"20 年"是在分社记者岗位上锻炼成长的"20 年"；第三个"20 年"理应是为党和人民作出贡献的"20 年"。在日记的结尾，我写了这样几句话:"下个世纪的 2004 年,是我人生第三个'20 年'的截止期。到了那个时候,我只希望能有资格说一句:'无愧于党的培养和人民的重托!'"

如果说在山东分社的 20 年,主要是围绕采访和写作安排读书计划的话,那么,到总社工作的 20 多年,我主要是围绕如何为党和人民多作贡献这一人生目标安排读书计划的。

举一个例子,是关于新闻报道同人民群众的关系及"三贴近"原则的学习和研究的。我对新闻报道同人民群众的关系的关注,始于 20 世纪 80 年代。在总编辑岗位上,为了履行职责,我开始系统学习马克思主义新闻理论。我发现在马克思、恩格斯有关新闻工作的理论宝库中有一个基本观点,就是报刊必须保持同人民群众的密切联系。

1849 年 12 月 15 日,马克思、恩格斯在《〈新莱茵报·政治经济评论〉出版启事》中写道:"报纸最大的好处,就是它每日都能干预运动,能够成为运动的喉舌,能够反映出当前的整个局势,能够使人民和人民的日刊发生不断的、生动活泼的联系。"马克思在《〈莱比锡总汇报〉的查封》一文中还明确指出报刊生活在人民当中,"它真诚地和人民共患难、同甘苦、齐爱憎"。1842 年年底,《莱茵报》发表了该报驻摩塞尔记者写的两篇关于当地农民生活状况的通讯,莱茵省总督指责作者诽谤政府。1843 年 1 月,马克思便以摩塞尔记者的名义发表了《摩塞尔记者的辩护》。在这篇文章中,马克思明确指出:"人民的信任是报刊赖以生存的条件,没有这种条件,报刊就会完全萎靡不振。"

1990 年 2 月,新华社召开国内工作会议,穆青同志让我讲一讲全社的新闻报道问题。针对"形式主义"和"无效宣传"问题,我把讲话题目确定为《密切新闻报道同人民群众的联系》。在这篇讲话中,我着重阐述了 3 个观点:(1)让人民群众认识自己的利益是马克思主义的基本原则,是党的新闻工作的优良传统。党的新闻工作者的一项重要任务,就是要通过大量的新闻报道阐明我们党的宗旨,使群众意识到我们现阶段实行的方针、政策和各项工作任务都同群众的根本利益密切相关。(2)有些新闻报道同人民群众之间联系得不那么紧密,一个重要原因就是我们对人民群众心里想什么缺乏深透的了解。党的新闻工作者要注意研究群众的情绪,反映群众的合理要求和愿望,通过正确的新闻报道有效地引导群众前进。(3)"可读、可信、可亲"不单是表现技巧的问题,首先是个群众观念问题。新闻工作者应该时刻想着自己的服务对象,满腔热情地探索为人民群众喜闻乐见的新闻表现形式。要做到这一点,就必须贴近群众、贴近实际、贴近生活。

需要说明的是,"贴近群众、贴近实际、贴近生活"是 1990 年新华社关于"三贴近"问题的具体表述。党的"十六大"之后,"贴近实际"放到"贴近生活、贴近群众"之前。除了排列顺序之外,新华社 18 年前所强调的基本符合近几年中央倡导的"三贴近"原则。在对新闻报道同人民群众的关系以及"三贴近"原则的探索过程中,新华社尽了一点微薄之力。

几十年的人生经历,使我对读书生活有了一种感悟:积极的"人生规划"可以主宰、影响和带动自己的读书计划,使得"阅读"有了一条清晰的主线。围绕这条主线读书,计划性、针对性、实效性都比较强,对国家有利,对人民有利,对工作有利,对社会有利。

5. 办公厅和国内部一些同志提出，工作紧张，可用于读书的时间有限，无法阅读自己喜欢的作品。特别是一些专业书籍，中断一段时间之后很难"续上"，他们询问读书时间是怎么挤出来的？

读书时间的分配因人而异，我想围绕新闻工作者支配时间的特点和规律谈一点意见。

新闻工作者是世界上最繁忙的群体之一，大家一年到头紧张地工作，即使节假日也不例外。但是，这并不足以说明新闻工作者就没有时间读书。外出采访难免要等车、等船；在办公室，每天也会有一些长短不一的缝隙时间。如果把这几分钟、几十分钟的缝隙时间积攒起来加以利用，就会挤出许多可供读书的时间。

新闻工作者的时间有 3 个特点：(1) 不完整性。编辑、记者的时间大都被一个接一个的采访、编稿任务切割得支离破碎，很难像专家、教授那样，一连几个月专心致志地研究一个课题。(2) 不均衡性。有时编辑、记者可供支配的时间多一点，有时可供支配的时间少一点，不仅年与年不同、月与月不同，就是一天和一天之间，可供支配时间的长度也大不一样。(3) 不规律性。编辑、记者的时间没有一定的周期和规律，呈现出很不规则的状况。鉴于上述特点，编辑、记者必须善于把零碎的缝隙时间转化为比较完整的时间，从而达到系统学习某一门学科的目的。我把这种支配时间的方法叫作"化零为整"和"零存整取"。

以阅读《列宁选集》为例。《列宁选集》第 1 卷 858 页；第 2 卷 1 005 页；第 3 卷 933 页；第 4 卷 765 页；4 卷合计 3 561 页。由于采访报道任务繁重，要在短期内读完这 4 大本书的确有一定困难。为了解决读书同时间的矛盾，1973 年元旦我拟定了一个总体学习计划：按照每小时平均 10 页的阅读速度，将《列宁选集》1~4 卷通读一遍需要 356 个小时。如果每天挤出 1 小时，不到一年就可以把《列宁选集》1~4 卷通读一遍。有了这个总体规划，零碎时间就像珍珠一样被串了起来。实践的结果是，我只用了 6 个月就把《列宁选集》通读了一遍。

"忙人"要想挤出时间读书，既要注意"自觉支配"，又要注意"强制支配"。一些在学术上较有成就的人，自觉支配时间的观念很强。1903 年，数学家科尔证明 2 的 67 次方减去 1 是个合数，解开了 200 年来一直被人当作质数的谜团。别人问他"解决这个问题花了多少时间"，科尔回答说："3 年内的全部星期天。"这些杰出人才安排时间主要靠自觉。

但是，根据我的体验，在许多时候，人的自觉性是有限的。劳累了一整天，晚上还要加班、加点，回到家腰酸腿疼，我也非常想斜靠在沙发上，拿着遥控器频频换台。读书与其说是靠"自觉"，不如说是靠"自我加压"。

1981 年，我在中央党校新闻班学习。党校藏书较多，是读书的好地方。为了在有限的时间里多读一些书，我给自己施加了一点压力：把全学期的 150 天划分为 50 个单元，3 天为一个单元，每个单元要阅读两本书。如果遇到特殊情况，或者书比较厚，3 天读不完两本，可以与上、下两个单元合并计算，即 9 天必须阅读 6 本书，完不成任务就早起床、晚睡觉。为了确保阅读质量，我还给自己规定了记卡片的任务：每天记卡片不少于 10 张，完不成任务也是早起床、晚睡觉。党校给每个学员发了 1 本电影票，为了防止"电影诱惑"，我把所有的电影票都退掉了，让自己想看电影也看不成。吃过早饭，只要不上课，我就钻进党校图书馆的专业阅览室，阅读与新闻学有关的书籍。"自我加压""强制支配"的结果是：半年时间我阅读了104本与新闻学有关的书籍，记下了4 000多张新闻学资料卡片。

这次强制支配时间的实践使我悟出了一个道理：每个人都有一种潜在的"爆发力"。在平常的日子里，这种"爆发力"容易被自己忽视，一旦外界给了自己一种压力，或者自己给了自己一种无法改变、无法撤回的压力，这种潜在的能力就会爆发出来，从而取得意想不到的成效。许多年轻朋友问我："你工作那么忙，哪有时间读书，哪有时间撰写文章？"如果说有什么"秘诀"的话，那就是"自我加压"。

6. 外事局一位同志提出，能否提供一些对年轻人成长有所帮助的书单？还有的同志希望领导定期推荐新书及必读书的书目。

我赞成有关部门定期或者不定期地向年轻朋友推荐新书。近几年，新华社图书馆在网上提供馆藏新书目录，这种做法很好，希望大家注意浏览。2007年，在读书活动中，新华社党组成员及各部门、各单位负责同志向全社同志推荐了一批书目，年轻同志可有选择地阅读。借此机会，我想把清华大学编写传播学必读书目的方法介绍给大家。

清华大学从新闻与传播系学生应有的知识结构出发，把专精与博通结合起来，推荐了400种图书。这个书目分为两大部分：第一部分是新闻专业类，选取图书120种，其中必读书40种、选读书80种；第二部分是百科博通类，选取图书280种，其中必读书40种、选读书80种、参考书160种。书目的内容涉及新闻、哲学、美学、法学、文学、艺术、科学、政治学、社会学、心理学、经济学、人类学、未来学、中外历史文化、当代国际社会等多个领域。

我仔细读了这个书目，发现有两个不尽如人意的地方：一是有的书目显得陈旧，反映各学科、各领域最新研究成果的新书目相对欠缺；二是良莠不齐，选择标准有待商榷。尽管如此，我依然推荐这个书目，主要是向大家介绍对书目进行分类的方法。我们每个人都可以把准备阅读的书分为"专业"和"博通"两个大类，每个大类又可细分为必读书目、选读书目、参考书目等若干小类。有了这个分类别、分层次的书目，我们的读书生活就不会显得"杂乱无章"。

7. 在收回的调查问卷中，许多同志谈到学以致用的问题。我想联系自己到全国人大常委会工作以后的读书实践，对这个问题作出回答。

2003年3月，我担任全国人大常委会委员和外事委员会副主任委员。《中华人民共和国宪法》规定全国人大及其常委会行使国家立法权，在21项职权中，有7项属于立法范畴，包括制定法律、修改法律、解释法律、撤销行政法规和监督《宪法》实施。全国人大常委会每两个月召开一次会议，主要议程就是审议立法、修法议案、决定同外国缔结条约和重要协定的批准与废除。要忠实履行职责，必须具备渊博的法律知识。而在我的知识结构中，法律是一个非常薄弱的环节。尽管"年逾花甲"，我还是下决心补上法律这一课。

年纪大了，学习法律不能像法学院的学生那样，从头至尾按部就班地进行。何况我们国家的法律法规特别多，仅改革开放以来全国人大及其常委会审议通过的法律就超过 300 个，其中现行有效的法律 229 个，涵盖了《宪法》《宪法相关法》《民商法》《行政法》《经济法》《社会法》《刑法》《诉讼法》及非诉讼程序法七个法律部门。如果加上国务院制定的 700 多个行政法规、各省（区、市）制定的 7 000 多个地方性法规和各民族自治地方制定的自治条例，中国法律、法规、条例及司法解释的总数近万个。海量的法律，要想有效地阅读，必须研究适合自己实际状况的方法。我采用的方法是"为用而学、学以致用、以用促学"。

2006 年 4 月上旬，我以全国人大中菲友好小组主席的身份，陪同菲律宾参议院代表团访问北京、成都、拉萨。这不是一个"游山玩水"的代表团。菲律宾参议院代表团中有不少专家，其中一位参议员正在研究菲律宾的《区域自治法》，他很想了解西藏自治区人大制定的法律同其他省、自治区、直辖市有哪些不同之处。为了完成这次外事接待任务，离京之前，我突击阅读了《中华人民共和国民族区域自治法》及其他相关资料。《民族区域自治法》第 3 章第 19 条规定，民族自治地方的人民代表大会有权依照当地民族的政治、经济和文化的特点，制定自治条例和单行条例。我告诉这位参议员，1965 年以来，西藏自治区人民代表大会及其常务委员会制定了 220 个地方性法规和单行条例，内容涉及政治、经济、文化、教育等各个方面。我还介绍说，《民族区域自治法》第 20 条规定，上级国家机关的决议、决定、命令和指示，如有不适合民族自治地方实际情况的，自治机关可以报经该上级国家机关批准，变通执行或者停止执行。比如，在执行全国性法定节假日的基础上，西藏自治机关将"藏历新年""雪顿节"等藏民族的传统节日列入自治区的节假日。根据西藏特殊的自然地理因素，西藏自治机关将职工每周工作时间调整为 35 小时，比其他省、市每周工作时间少 5 小时。再比如，《中华人民共和国婚姻法》规定实行一夫一妻制。1981 年，西藏自治区人民代表大会常务委员会从西藏少数民族历史婚俗等实际情况出发，通过了《西藏自治区施行〈中华人民共和国婚姻法〉的变通条例》，规定对以前已经形成的一妻多夫和一夫多妻婚姻关系，凡不主动提出解除婚姻关系者，准予维持。关于《民族区域自治法》的知识帮了我的大忙，使我顺利地完成了这次外事接待任务。

在常委会审议关于立法、修法、释法议案之前突击学法，是我最常用的方法。2007 年 10 月 24 日，全国人大常委会审议《城乡规划法（草案）》。《草案》第 57 条规定："因撤销行政许可给被许可人合法权益造成损失的，应当依法给予赔偿。"为了弄清这个问题，我重新学习了《行政许可法》。该法第 76 条规定："行政机关违法实施行政许可，给当事人的合法权益造成损害的，应当依照《国家赔偿法》的规定给予赔偿。""被许可人"和"当事人"这两个概念的内涵与外延不尽相同。"当事人"既包括被许可人，也包括其他利害关系人。从实践层面来看，因撤销行政许可而蒙受损失的，不仅仅是被许可人，还有可能包括其他利害关系人。因此，我建议将《城乡规划法（草案）》中的"被许可人"改为"当事人"，也就是说，因撤销行政许可给当事人合法权益造成损失的，不论其是"被许可人"还是"其他利害关系人"，均应依法给予赔偿。常委会采纳了这个建议，对《城乡规划法（草案）》进行了相应修改。

我还注意把人民群众的关注点作为学习法律的重点。2007 年 8 月 24 日，全国人大常委会分组审议《反垄断法（草案）》。在此之前，世界拉面协会中国分会多次组织、策划、协调企业商议方便面涨价幅度、步骤、时间，扰乱了市场价格秩序，损害了消费者的合法权益，人民群众对此议论纷纷，强烈要求执法机关依法予以惩处。国家发改委虽然表示要对违法违规行业协会依法作出处理，但处理的法律依据不足，所以迟迟没有下手。围绕人民群众关注的这一社会热点问题，我认真研究了《反垄断法（草案）》，发现《草案》第 54 条虽有"行业协会等组织实施的排除、限制竞争的行为，适用本法"这样的表述，但不太具体，难以操作；第 45 条和第 46 条虽然规定对有垄断行为的经营者应停止违法行为，没收违法所得，并处上一年度销售额 1% 以上 10% 以下的罚款，但一些行业协会并没有"违法所得"，也无法计算其上一年度的"销售额"，这将导致《反垄断法（草案）》对行业协会失去约束力。从维护消费者的利益出发，我建议《草案》应将行业协会应负的法律责任具体化，明确规定"行业协会等组织实施排除、限制竞争行为的，由反垄断执法机构责令停止违法行为，并处 100 万元以下的罚款"。全国人大常委会采纳了这一建议，在审议通过的《反垄断法（草案）》第 46 条中专门增加了一款，明确规定"行业协会违反本法规定，组织本行业的经营者达成垄断协议的，反垄断执法机构可以处 50 万元以下的罚款"。所学的法律知识派上了用场，人民群众的意愿在法律条款中得到体现，对于这一点，我由衷地感到欣慰。

8. 人事局一位同志询问："怎样更有效地将书本知识转化为自己的知识？"我认为，"转化"两个字抓住了问题的本质，我愿意就此作出回答。

读书的目的不是为了"寻章摘句"，而是为了从书籍中寻找启发，这是能否将书本知识转化为自己的知识的关键所在。几十年来，在读书实践中，我力求在这方面有所突破。

举例来说，我阅读《误诊学》和《失败论》，并不是想提高自己的医疗水平，而是想从中寻找在新闻报道中减少失误的启示。2000 年 5 月，在新华社终审发稿人培训班的讲话中，我就运用了从这两本书中获得的知识。我谈到，在许多名医研究成功医案的时候，有人花费很大精力，撰写长达 100 万字的《误诊学》，这是难能可贵的。《误诊学》从诊断学的另一个侧面分析、研究未能获得正确诊断、及时诊断、全面诊断的原因，研究临床错误诊断发生的规律和防范措施，它对医学的贡献并不亚于《名医医案选》。无独有偶，在许多人争相研究成功经验的时候，有人专门撰写了 20 万字的《失败论》。作者不仅分析了导致失败的主观原因和客观原因，而且特别指出人的"错误病"是思维系统和行为系统的疾病。错误的人生观、世界观和思维方式以及对错误的固执态度，都可能成为将人导向失败的原因。我把阅读上述两本书时得到的启示同新闻报道工作联系起来，就防止"错误病"的问题向编辑、记者提出了三点要求：（1）"以史为镜"，善于从过去的失误和教训中学习，增长自己的智慧；（2）"以人为镜"，善于从他人的失误和教训中学习，增长自己的智慧；（3）"以己为镜"，善于从自己过去的失误和教训中学习，防止重犯自己犯过的同类性质的错误。把个人读书得到的启示拿出来，与大家共同分享。

我认为读书有点像开采金矿。每吨金矿石的含金量超过10克，就算是富矿。人们之所以要开采1吨矿石，就是为了提炼10克黄金。同样道理，我们之所以阅读几百页的厚书，就是为了寻找一点点珍贵的启示。谁懂得了这个道理，谁就领略了读书的真谛。实现"知识转化"必须养成发散思维的习惯。要善于根据已经获取的知识和掌握的信息，采用不同方法、通过不同路径进行分析，从不同角度、不同方向加以思考。这种思维方式的好处是通过纵横发散，把从书本上获得的知识"串联"起来，由此及彼，深入开掘；举一反三，获得新知。

比如，我喜欢读《战略学》《战役学》《战争论》《超限战》《总体战》《现代军事学》《西方军事史》等军事著作，并不是为了提高自己的军事素养，而是为了从将帅们指挥作战的理论和实践中受到启发，以便深入探讨组织指挥重大战役性报道的基本规律和方法；我阅读《找油的哲学》，不是为了去寻找石油，而是为了向编辑、记者介绍其中的一个观点："在新油田找油，可以用老办法；在老油田找油，必须用新办法。"每年一度的"两会"报道有点像"老油田"。几十年来，许多报道形式、采访方法、表现手法在"两会"报道中都用过了，如果没有新的观察视角，不开拓新的报道领域，不探索新的报道形式，就很难有新的发现、新的突破。我想用《找油的哲学》激励编辑、记者在"两会"报道中开拓创新、锐意进取。我们常说"仁者见仁、智者见智"，除了具有典范性、权威性的经典著作，对其他各类著述，都可以采取这种"炼金式"阅读方法。

要把书本知识转化为自己的知识，必须培养自己的联想习惯。以阅读《篮球比赛规则》一书为例。我从篮球比赛规则从无到有、从简到繁的发展史联想到我们国家的市场经济与法制建设。社会主义市场经济是一种法制经济，没有健全的法制，市场自身的弱点和消极方面就会反映到社会生活中来，不规范的竞争必然会带来无序和混乱局面，这有点像篮球比赛。100多年前篮球运动诞生时，只是在球场两端挂两个篮筐，对双方上场运动员的人数和比赛时间都没有作严格规定。比赛开始时，裁判员把篮球往球场中央一抛，双方队员蜂拥进场任意奔跑，粗暴抢球，互相扭打。为了改变球场上的混乱局面，篮球运动发明人詹姆斯·奈史密斯制定了13条非常简单的比赛规则，规定上场运动员不准抱球跑，不准抱人、推人、绊人，不准打人。有了这些原始的竞赛规则，篮球场上粗暴厮打的现象明显减少。在此后的100多年间，每当一种新的不文明动作在球场上出现，国际篮坛就着手研究抑制这种不文明动作的办法，对篮球比赛规则一次又一次地进行修改和补充。10年前，国际通用的篮球比赛规则已经发展到10章61条，据说还有一些新的比赛规则在酝酿和试验的过程中。这些越来越细、越来越严的比赛规则，为参赛球队创造了一种公平竞争的环境，促进了世界篮球技术的进步。

在建立社会主义市场经济体制的过程中，由于法律法规有待完善，一些稀奇古怪的事情时有发生：价格欺诈、质量欺诈、品牌欺诈、服务承诺欺诈，生产者、销售者、消费者之间互不信任。试想一下，在一个缺少规则、缺乏诚信的大市场上，经济活动怎么能正常开展？我觉得各级人民代表大会和各级人民政府的领导者都应该从篮球运动发展史受到启示。要针对种种见利忘义的不文明行为，不断规范市场主体规则和市场客体规则，引导人们正确处理竞争与协作、自主与监督、效率与公平的关系。只有尽快建立起与社会主义市场经济体制相适应的法律法规体系，才能确保新机制的正常运行。于是，我撰写了一篇题为《从篮球比赛规则想到的》评论文章。这篇稿件在《人民日报》刊登之后，引起读者的共鸣。《人民论坛精粹》一书在对这篇文章进行评析时写道："文章的论点旨在论述健全法制对于规范竞争的重要性。应该说，这是一个比较严肃的问题。然而作者却别开生面地将这一较为抽象的议题论述得如此深入浅出、娓娓动听，这主要取决于作者对面临的矛盾以及如何解决矛盾具有真切的认识和丰富的联想力，也得益于类比说理的魅力。"其实，这篇评论的灵感来自篮球运动发展史。作品的成功主要是《篮球比赛规则》等体育专著的功劳，而不是我的功劳。

9. 外事局有的同志提出，将书本知识同实际情况结合起来是学习过程中感到困惑的问题。这个问题涉及阅读"有字的书"和"无字天书"的关系，值得探讨。

1938 年 3 月 15 日，毛泽东同志在抗大三大队毕业典礼的讲话中谈到"有字的书"和"无字天书"。他说："社会是学校，一切在工作中学习。学习的书有两种：有字的讲义是书，社会上的一切也是书——'无字天书'。"根据中央文献研究室原主任逄先知同志的介绍，毛泽东同志为了读好"无字天书"，一生中做了大量社会调查，这对于他了解中国的历史和现状，对于他将马克思主义普遍原理同中国革命实际结合起来解决中国革命问题，起了重要的甚至是决定性的作用。作为新闻工作者，我们应该借鉴这种求知方法，在刻苦读书的同时，要十分注意向社会学习、向群众学习、向实践学习，读好这部"无字天书"。

2003 年 12 月 16 日，我参加全国人大代表视察活动时，在河南省濮阳市农村参观了一个"无土栽培"大棚。所谓"无土栽培"，就是不用天然土壤，而用营养液进行灌溉的栽培方法。它的优点是省地、省水、省肥、省时、省力，缺点是作物的根离开肥沃的土壤，一旦营养液供应不上，叶子就会枯黄。站在"无土栽培"大棚里，听着技术人员的介绍，我忽然联想到记者的作风。作为一个新闻工作者，我们有没有"根"，我们的"根"应该扎在哪里？我觉得我们的"根"应该扎在基层，扎在改革开放和现代化建设的实践中，扎在人民群众中，扎在肥沃的泥土里。"无土栽培"技术虽然先进，但新闻记者却无法采用，因为在现实生活中很难找到瓶装的"新闻营养液"。如果我们偏离实际、远离生活、脱离群众，离开了生活的沃土，我们采写的新闻就会因为营养不良而枯黄，这是谁也不愿意看到的结果。2004 年 4 月 14 日，在第一季度新华社新闻信息报道总结会议上，我以"深深植根于生活的沃土"为题讲了话。我说：有抱负、有作为的编辑、记者，应该养成深入调查研究的习惯，不断提高调查研究的本领，谨防自己的"根"离开生活的沃土。这个讲话的立意，就是向"无字天书"学习的成果。

人事局一位同志问及知识积累问题。我认为：阅读"无字天书"、向社会学习，就是一个日积月累的过程。"立竿见影"是有的，但并不常见。阅读"无字天书"主要靠扎扎实实的生活积累、思想积累、素材积累，有时几十年前获得的知识，在一定环境中就会突然迸发出来，变成比较有价值的材料。

2002 年 11 月 9 日，党的"十六大"分组审议胡锦涛总书记的报告。鉴于前些年一些地方形式主义、官僚主义作风严重，我建议在报告中增加"坚决克服形式主义、官僚主义作风"的内容，旗帜鲜明地铲除形式主义公害。为了阐明形式主义的特征和危害，我讲述了 20 世纪 80 年代初在山东农村采访时积累的一个典型事例。在"大跃进"和"文化大革命"的特殊年代，鲁西北一些农村让老百姓"挑灯夜战"，推水车浇地。晚上黑咕隆咚的，浇地容易跑水，费力、费时又费钱。当地农民想出了一个办法：把水车的链子卸下来，推着空水车在井台上彻夜转圈。

剖析"不挂链子推水车"的方法，可以发现形式主义的 3 个典型特征：一是推水车不挂链子尽管不出水，但可以起到应付上级"大检查"的作用。当村干部打着灯笼或者拿着手电筒巡回督战时，老远就能听到井台上的水车响。二是推水车不挂链子虽然看起来也"忙忙碌碌"，但不是真推，既省力气又能给上级派来的"检查团"留下良好印象。过去有人说"出力不讨好"，推水车不挂链子可以说是"不出力，也讨好"。三是推水车不挂链子自然车不出水来，忽视了推水车本身的要求，忘记了推水车的根本目的，归根结底属于一种只有付出、没有效益的"应付性劳动"。我认为，现实生活中各种形式主义的做法与"不挂链子推水车"没有本质的区别。我建议在党内采取两种措施：一是严格按照德、能、勤、绩、廉的标准选拔干部，坚决地、毫不动摇地把那些热衷于搞形式主义的党政领导干部排除在选拔任用之外；二是新闻宣传单位要增强对形式主义的识别能力，对于"不挂链子""不出水"的空转式的"工作经验"，不仅不能加以宣扬，而且要予以批评和揭露。

这一发言在小组会上引起共鸣，所提建议也被采纳。《报告》第十部分增加了"防止和克服形式主义、官僚主义"的内容。这从一个侧面反映了"无字天书"的说服力和感染力。

10. 总社办公厅、国际部和北京分社的同志谈到，网上阅读快捷、检索方便，但有的同志也列举了网上阅读的诸多不便。可见网上阅读已经成为年轻人的一个关注点，我愿意就此谈谈自己的一些体验。

当今世界，知识更新速度明显加快，编辑、记者要想与时俱进，必须善于利用网络吸收新知识。网上有一些公益性的免费数字图书馆，经营者还附有声明，采取了一些保护性措施。从这些网站下载图书，一般不会涉及知识产权问题。我们可以有选择地把有价值的数字图书下载到自己的"数字图书馆"，分类存储，以便抽暇阅读。

我的"个人数字图书馆"目前分为"马克思主义经典著作""新闻学著作""经济学著作""心理学著作""管理学著作""法学著作""中外历史""领导科学""国际战略研究""人权理论""宗教与哲学""古今中外文学名著""古今中外军事著作""人物传记与成才规律""新兴学科纵览"15 个大类，每个大类下面又分为若干小类。平时尽量利用零碎时间下载数字图书，分别存储在各类目录之下。今年春节，是我 20 多年来第一个既不值班、开会，又不审阅稿件的休闲式春节。春节前我拟定了一个计划：除了陪伴家人，剩余时间集中从网上公益性图书馆下载有参阅价值的数字图书。7 天时间，下载了《大脑如何思维》《成功金字塔》《全部知识学的基础》《未来时速》《幸福是一种心态》《有困难不上交》《统帅决胜之道》《迅速制敌：一场真正的军事革命》《道德情操论》《健全的思想》《精神现象学》《数字化生存》《认识与谬误》《享受宁静》等204部著作，分别存储在上述15个大类之中。

在回收的调查问卷中，一些同志谈到网上图书良莠不齐、知识陈旧、真伪难辨，这是实情。为了"扬网上阅读之长、避网上阅读之短"，我采取了3个办法：一是在网上发现数字图书之后，首先阅读"前言""目录"和"后记"，了解作者的写作意图、写作经过以及书的主要内容，尽快作出"价值判断"。参阅价值大的就下载，参阅价值不大的就放弃。二是注意阅读网上"书讯"。"书讯"介绍的大都是新近出版的图书，有的代表本学科"前沿"研究成果。把这些最新的图书搜索出来，下载到自己的"数字图书馆"，可以解决网上知识相对陈旧的问题。三是对网上下载的图书，阅读时要加以鉴别，做到去伪存真。所有下载的资料仅供参考，如需引用，必须同纸质图书及其他权威资料认真核校。

网上阅读与纸上阅读有很大不同。过去我阅读纸质图书，注意力放在"有价值部分"上，总是先把有价值的内容摘抄出来；在网上读书时，我的办法是把对自己没有明显参阅价值的内容大段大段地删除。比如，一部30万字的著作，可以用一两个小时，把29万多字删去，留下最有价值、对自己最有启迪作用的几千字，仔细阅读、思考，记下札记和联想。在个人"数字阅览室"的目录中，可以同名保存两个目录：一个是书的全文；一个是对这本书的阅读摘记。这是在有限时间里借用网络大量吸收新知识的有效方法。

读书是一个内涵丰富、值得从多个角度反复探讨的话题。回收的"调查问卷"中除了上面谈到的10个问题，还有许多重要问题，由于时间关系，在一次对话中难以全部作答。对此，我向提出问题而没有得到回答的年轻朋友表示歉意。还有一点需要说明：读书方法因人而异。同一种方法，这一部分人觉得有用，另一部分人就不一定觉得有用。今天谈到的，只是个人的"一孔之见"，是不是有用，只能由年轻朋友们自己去感悟、判断、选择和汲取。

2008 年 4 月 16 日

《中国记者》2008 年第 5 期

目录

博通类（50种）

专业类（50种）

博通类（50 种）

1.《共产党宣言》

作者：卡尔·马克思、弗里德里希·恩格斯 著
出版信息：人民出版社，1995 年版，《马克思恩格斯选集》（第一卷）

《共产党宣言》是马克思、恩格斯最有影响的作品，是共产主义的"圣经"。如果用一句话概括其精髓，那么莫过于马克思给恋人燕妮的一句磅礴诗句：让整个诗的世界在人类历史上出现！而《宣言》就像一首警句联翩的长诗，如"每个人的自由发展是一切人自由发展的条件"（指在共产主义社会中）。

引子部分开始就打了个惊人的引喻，宣布"一个幽灵，共产主义的幽灵，在欧洲徘徊"，向世界公开共产主义者的政治态度。

《宣言》正文共四章。第一章内容最多，思想也最重要。它开宗明义，第一句就表明"至今一切社会的历史都是阶级斗争的历史"，尽管马克思肯定资产阶级在历史上起过革命性的作用，但同时又无情地揭露资本主义的冷酷及其必然灭亡的命运，"它无情地斩断了把人们束缚于天然尊长的形形色色的封建羁绊，它使人和人之间除了赤裸裸的利害关系，除了冷酷无情的'现金交易'，就再也没有任何别的联系了。它把宗教虔诚、骑士热忱、小市民伤感这些情感的神圣发作，淹没在利己主义打算的冰水之中。它把人的尊严变成了交换价值，用一种没有良心的贸易自由代替了无数特许的和自力挣得的自由。总而言之，它用公开的、无耻的、直接的、露骨的剥削代替了由宗教幻想和政治幻想掩盖着的剥削"。马克思和恩格斯认为资本在横扫一切封建羁绊的同时，也创造出了自己的掘墓人，即无产阶级。资本主义的矛盾使得无产阶级的胜利成为历史的必然。

第二章主要讲了四个方面的内容：一是共产党和无产者之间的关系，指出共产党人代表了整个阶级运动的利益；二是反驳对共产党的一些指责，指出为何要反对私有制等一些通行的资产阶级观念；三是指出共产主义革命的一些特点；四是革命后会采取的一些措施。尽管马克思和恩格斯在后来出版的序言中认为这些措施已经过时，但是有些主张已经成为世界各国通行的做法，例如，征收高额累进税等。

第三章是对当时通行的一些其他社会主义思想进行批判，但这些思想大部分是昙花一现，等到马克思和恩格斯再写序言时，已经销声匿迹了。但是，马克思和恩格斯作为革命导师，依然保持着伟大的谦虚，尊重文本的原貌。

第四章是共产党人对各种反对党派的态度。最后，马克思以两句类似启示录的话语结束全文："无产者在这个革命中失去的只是锁链。他们获得的将是整个世界。全世界无产者，联合起来！"

《共产党宣言》出版以后产生了广泛的影响，发行量仅次于《圣经》。它奠立了马克思主义学说的基础，也是随后共产主义革命的行动指南，无数革命志士阅读此书以

后走上了革命道路。

仅就对中国的革命影响而言，该书是毛泽东走上革命道路的启蒙书，1936年，他对来访的美国记者斯诺表示，《共产党宣言》"特别深刻地铭记在我的心中，使我树立起对马克思主义的信仰。我接受马克思主义，认为它是对历史的正确解释，以后，我对马克思主义的信仰就没有动摇过"。毛泽东在中华人民共和国成立后有3次号召全党学习马列著作，其中《共产党宣言》都是首选。不仅如此，毛泽东在61岁开始学英文的时候，阅读的第一本英文原著就是《共产党宣言》，到毛泽东去世，在他床头还摆放着两个版本的《共产党宣言》，密密麻麻地写满了批注。可以说对《共产党宣言》的阅读伴随了毛泽东的一生。邓小平也说过，他的革命入门"老师"就是《共产党宣言》。开国将领王震将军说，《宣言》我谈了没有一百遍，也有七八十遍。所以，要了解中国革命与中国道路，必然要读《共产党宣言》。

不可否认，20世纪后半叶，国际共产主义运动进入低潮，质疑马克思主义的声音甚嚣尘上，但是进入21世纪，次贷危机、全球化、恐怖主义、民粹主义和保守民族主义的不断出现，使得人们再次发现，我们所面临的问题马克思和恩格斯早就在《宣言》中预言到了，几次工业革命的崛起所缓解的资本主义矛盾并没有得到调和，反而以更加深刻的形式影响人类社会。因此，我们需要重读马克思，深入领会《共产党宣言》的教益，正如《马克思传》的作者梅林所说，《共产党宣言》的根本真理是不可动摇的，它是一部具有世界历史意义的文献。

延伸阅读：

1. 陈先达：《走向历史的深处》，北京，中国人民大学出版社，2010。
2. 韩毓海：《伟大也要有人懂：少年谈马克思》，北京，中国少年儿童出版社，2014。
3. ［英］特里·伊格尔顿：《马克思为什么是对的》，李扬等译，北京，新星出版社，2011。

2. 《毛泽东选集》

作者：毛泽东
出版信息：人民出版社，1991 年版

若干年前有个活动，请北大文科教授推荐"对我最有影响的几本书"，其中《毛泽东选集》是最热门的推荐图书。这是意料之中的事，有人评选过影响中华人民共和国的 10 本书，《毛泽东选集》也是排在第一位。

在介绍《毛泽东选集》之前，首先要对毛泽东鲜明的文风作个说明：近代以来中国作家里，光看文字就能判断出作者是谁的，不过鲁迅、沈从文以及毛泽东数人而已。毛泽东同志文风鲜明，深入人心，以至于有日本的汉学家根据红卫兵小报上透露出的文件片段，推断是否出自毛泽东本人，还编辑了一本相关的语录，事后验证基本没有错误。

毛泽东的文风受了几个方面的影响：一是中国传统文化的熏陶，唐德刚在采访胡适的时候，就曾经这样反驳这位新文化的大将，五四时期文章写得好的那几位，都是古文扎实之辈，这里面杰出的代表人物之一就是毛泽东。毛泽东的文章不仅大量引经据典，灵活运用古代文史知识，而且更重要的是，有中国古文慷慨激昂的浩然之气。毛泽东喜欢李白的诗，熟读《诗选》，所以看他的文章，常有古文的韵律之美和太白诗歌的澎湃之气。

二是毛泽东来自湖南乡村，从小就经历稼穑农事，因此他没有死读书，而是广泛游历社会，擅长和各个阶层打交道。而且，纵观毛泽东的一生，除了读书以外，最大的爱好就是唠嗑、和人聊天，和各类不同阶层的人聊天。读书时就和同学卖字游历，大革命时和安源的矿工聊，和寻乌的老狱吏聊，和延安的劳模聊，和"辛亥革命"的元勋聊。重庆谈判时，和赵超构这个半聋的名记者也能聊上两天。中华人民共和国成立后话瘾来了，会请上好朋友在西湖来个通宵夜话。所以，毛泽东的话没有一丝的酸腐气，话语非常生动活泼，俚语、熟语、比喻恰到好处，读完以后如沐春风。

三是毛泽东在马列主义上狠下功夫，将唯物辩证法运用到了极处，所以思辨性极强。你读他的文章，能感到强大气场笼罩着你，把你引入他的逻辑里去不能自拔，让你不得不信服。一生孤傲的傅雷，在给儿子的家书里评论毛泽东的讲话是"他的马克思主义是到了化境的。随手拈来，都成妙谛，出之以极自然的态度，无形中渗透听众的心"。

关于毛泽东的著作，关注度较高的有三部，一是《毛泽东选集》，也就是我们常说的"毛选"，中华人民共和国成立前由邓拓同志最早在晋、察、冀边区印行，后来有多个版本发行，中华人民共和国成立后，为了统一版本，党中央决定编印权威版《毛泽东选集》，先后发行四卷，篇目由毛泽东同志亲自选定，不少文章还经过他重新修订，可以说是毛泽东同志自己比较满意的代表作。一经发行，就引起轰动。第一卷在上海发行时就打破图书日销售的纪录。新华书店天津分店早上 7 点开门时，已经有数百人排队等候买书。西安发行 5 000 册，1 个小时就卖光。记忆犹新的是，在改革开放前，单位奖励先进者，甚至夫妻结婚，赠送的礼物往往是《毛泽东选集》，当时中国 6 亿人口，《毛泽东选集》发行了 2 亿多册。改革开放以后，对《毛泽东选集》再版，修改了一些极"左"时期的注释，篇目上没有做调整，仅仅加一篇《反对本本主义》。值得一提的是，人民出版社有校对王之称的白以坦，认真校对《毛泽东选集》，做到了 100 万字无一差错，可谓是"悬之国门，无一易字"。二是《毛泽东文集》，收录《毛泽东选集》中没有、但同样是比较重要的文章。三是《建国以来毛泽东文稿》，由中央文献出版社出版。

对于自己的文章，毛泽东说"这是血的著作"，是中国人民付出巨大代价的经验总结，所以从《毛泽东选集》中，我们不仅能读到好的文章，更能读到历史，进而读到现实。

延伸阅读：

1. 韩毓海：《伟大也要有人懂：一起来读毛泽东》，北京，中国少年儿童出版社，北京大学出版社，2016。

2. 陈晋主编：《毛泽东读书笔记精讲》，南宁，广西人民出版社，2017。

3. ［美］特里尔：《毛泽东传》，北京，中国人民大学出版社，2006。

4. ［日］竹内实：《毛泽东的诗词、人生和思想》，北京，中国人民大学出版社，2012。

3. 《古诗源》

编者：沈德潜
出版信息：中华书局，2006 年版

不少人编书比写书厉害，例如乾隆，写了 4 万多首，硬是没有一篇进入文学史，但《四库全书》却是他的一大功绩。《古诗源》的作者沈德潜也写了很多诗，被称为诗坛耆硕，但今天没哪个人记得他的原创作品，倒是他编选的《古诗源》因为选目精当、选量适中、评论中肯，成为同类选本中最流行的作品。

沈德潜，江苏苏州人，康熙十二年出生，家境贫寒，母亲早亡，他 21 岁中秀才，然后一直蹉跎科场，直到 66 岁才时来运转中了举人，来年进京赶考中进士，被点为庶吉士，结果因为老迈，反而入了乾隆的法眼，于是官运亨通，半年就从七品升为从四品，几年间大红大紫，以加礼部尚书衔荣归故里，退休时乾隆还一再叮嘱他，"我 50 寿时一定来京拜祝"，沈德潜死时，乾隆还亲制挽联。

有清一代，选学昌盛，《古诗源》流行的最大好处是给我们今天去翻检远古诗词提供了一条便捷的路径。沈德潜将散落在古籍中的谣曲、俚语和诗歌都搜集起来，为古诗词的爱好者提供了好的指南。

冯小刚有部电影《夜宴》，里面有段古代优伶的舞蹈，配的曲子是《古诗源》里选的《越人歌》，其中"山有木兮木有枝，心悦君兮君不知"一句，直中心灵，情真境深。

再以《箜篌引》一诗为例，"公无渡河，公竟渡河。渡河而死，其奈公何？"短短 4 句 16 个字，一出活生生人生悲剧如在眼前。更进一步，这诗还富有人生的哲理，执拗的人硬要擅入禁区，深陷其中，应了他人的诅咒，换来亲人的一声叹息。

类似的好诗在《古诗源》里还有很多。读这些诗，有时会恍惚一下，我们的先民原来如此多姿多彩：他们富于幻想；他们急公好义；他们情深义重；他们侠骨柔情。所以读《古诗源》，可以感悟多样的人生。

延伸阅读：

1. 周涛：《读〈古诗源〉记》，选自《周涛散文》（第三卷），北京，东方出版社，1998。
2. 王国维：《人间词话》，北京，北京联合出版公司，2015。
3. 钱钟书：《宋诗选注》，北京，生活·读书·新知三联书店，2014。

4. 《中国史纲》

作者：张荫麟
出版信息：上海古籍出版社，1999 年版

张荫麟是中国史学界一个令人痛惜的名字，他的才华令人赞叹，他的早逝又让人扼腕，他本来应该是民国学术群星中最耀眼的恒星，却因为战乱和情感的纠葛而流星般陨落，他留下的唯一著作便是《中国史纲》。

张荫麟出生于广东东莞的官宦之家，刚进清华大学时便被人瞩目，因为他发表同梁启超商榷的文字，让《学衡》的老学究以为是某个大学老教授的投稿，谁知竟是十七八岁的大一学生。梁启超先生在演讲时，特意向其致意，称其有"做学者的潜质"。在清华文学院读书时，张荫麟身材瘦小，因为父母双亡的缘故而性格孤僻，酷爱读书，为了扶养幼弟，不断投稿卖文。写稿时神情关注，不眠不休，日积月累学问精进，但也埋下日后早逝的伏笔。

张荫麟大学时已有 40 余篇文章发表，同钱钟书、吴晗、夏鼐并称为"文学院四大才子"。国学院另一位导师陈寅恪对张荫麟的评价更为超拔，在张荫麟留学美国回来寻找工作时，陈寅恪给傅斯年写了一封语气极为推崇的信，称张荫麟为"清华近年学生品学俱佳者中之第一人，弟尝谓'庚子赔款'之成绩，或即在此一人之身也"。

在清华任教两年后，当时的教育部要编一部高中生阅读的《中国史纲》，由张荫麟编写上古到汉代部分，吴晗、千家驹编后面。他向清华告假，开始撰写，孰料抗战军兴，已经写成的手稿尽数损失。稍微安定下来，才完成部分，当时油印出版，连作者的姓氏都印错了，但张荫麟却不以为意，想进一步做下去，孰料天妒英才，他竟得了和老师梁启超一样的病，死在了贵州遵义。他的师友闻之，无不痛惜。钱钟书在报纸上读到消息，写诗纪念："气类惜惺惺，量才抑末矣，子学综以博，出入玄与史。"推崇张荫麟的学问。

钱钟书诗句中"出入玄与史"，指的是张荫麟不仅精通中国史学，同时在哲学上也下了极大的功夫，在清华读书时就同贺麟并称为"两麟"，并和贺麟用德文进行哲学上的通信。张荫麟虽然以史学而著称，但哲学功底也一样受人推崇。近代中国哲学巨擘熊十力称张荫麟是："史学家也，亦哲学家也……然其为学，规模宏远，不守一家言，则时贤之所夙推而共誉也。"

谈及张荫麟的著作《中国史纲》，则需了解张荫麟自己的态度，他认为考据的文章好做，只需做没有思想的读书虫，但通史难做，因为通史涉及两个问题：一是专深，二是通博。写通史者，必要有专深的研究，才能深入而浅出。而通博则指写史者要有两通：一通思想，即有沉着、鲜明的思想蕴含在全篇之中，否则通也不通；二是通读者，通史往往不为专业研究者所著，因此，要以普通读者为对象，著者须了解其水

平，以通达的文字、清楚的叙事和清晰的体系帮助读者了解历史，所以通也要下达。今日以通史之名的中国史著作恐怕已经有上千，但若真能达到上述之要求，恐怕张荫麟也不会一再被人纪念了。

张荫麟的《中国史纲》，第一是好读。原书为高中生所编，行文流畅，没有注释，不引述古文，而且张荫麟继承太史公的笔法，以故事的形式讲述历史，因此不算是很难读（对张荫麟时代的读者而言就算比较通畅了）。第二是有思想。通史难在提要，从浩瀚的史实中择其要点，在要点里择其思想，在冷峻的文字下暗含无尽的内劲，如短短一句"周代的社会组织可以说是中国社会史的基础"就点出作者敏锐的历史直觉。

现在尽管考古的发掘、古籍的整理、大规模数据库技术的运用，使得今人在古史研究上有了材料上大的进步，但在"通达"和"精思"上，还是要向张荫麟学习，不妨看看他的著作。

延伸阅读：

1. 卜宪群等：《中国通史》，北京，华夏出版社，2016。
2. 张国刚：《〈资治通鉴〉与家国兴衰》，北京，中华书局，2016。

5.《中国历代政治得失》

作者：钱穆
出版信息：生活·读书·新知三联书店，2001年版

钱穆，字宾四，江苏无锡县、延祥乡、荡口七房桥人，世代书香门第，诗书传家，但祖父、父亲皆早亡，家境贫寒。钱穆兄弟4人，排行第二，与长兄关系最笃，长兄之子钱伟长为中国科学界著名的"三钱"之一。钱穆自幼天资聪颖，9岁时在家养病，读《三国演义》为娱乐就能通篇背诵，不错一字。钱穆中学因为家贫辍学在家，担任乡村小学教师10余年，边教学边自学，每日读书不辍，乡间蚊虫太多，他就把两脚放到脚盆里苦读。所以，钱先生的学问并非现代科班之体系，也没有师友同门的奥援，"故其初在冥索中努力而尤见艰苦"。钱先生读书的特点讲究知行合一，悟事则力行：他读曾国藩谈读书方法，每书一定要从头读到尾，从此一生读书，务求毕卷；他读一日本人著作谈及养生，说一般人的早夭往往由于不善养生而起，从此一生作息规律，每日静坐和散步不断，终得以96岁高寿。

钱穆教小学10余年，又改教中学，中间著作不断，其中重要者有《先秦诸子系年》，顾颉刚读过后，认为钱穆"宜在大学中教历史"，于是推荐钱穆到燕京大学，从此开始钱穆的学术人生，他后来又转到北京大学，同时在清华任课。钱穆早年就多次听人说"中国不亡，没有天理"，但他幼小的心灵偏有一些反抗的心思，后国家屡遭患难，他更加忧患于心，对反对中国文化的言论一一收集，验之于中国古代历史，发现这些观点"实于自己旧文化认识不真"，这样的态度贯穿了钱穆的一生。

在北大第二年，钱穆不顾反对，开设中国政治制度史的选修课。在新文化的起源地、反封建的大本营，坚持宣传中国秦代以后并非专制制度，上课的内容便是《中国历代政治得失》一书的简编。1952年钱穆到台北筹办新亚分校，应邀系统演讲5次，后来补充整理，即为《中国历代政治得失》一书。该书出版以后，在港、台地区和东南亚产生了很大的影响力，是投考港大中文系的必读书。1991年该书由三联出版社在中国内地出版，也引起了很大的反响。

对《中国历代政治得失》的评价，须了解钱穆其人：第一，钱穆当过十几年的小学和中学老师，常年面对垂髫顽童，明白条理清晰的重要，因此，他讲座整理的书很好读。第二，钱穆长期处在学术的边缘，从背景言，他没有正规的大学经历；从出身言，来自乡野的小学老师，同当时当道的新式学人格格不入，因此，他的著作总是有一股不服气在，这不服气让他的文章有股精神在里头。第三，钱穆一生受宋明理学的影响，讲求知行合一，学术映照人生，所以他的著述不是宽泛无边，而是学术、人生和社会通观下的圆融。

阅读《中国历代政治得失》之前，最好读一下钱穆先生的《国史大纲》序，内中

钱穆对自己的学术立场有总结，大体言之：（1）对本国的历史"有温情的敬意"，对以往的历史不是当成已过的往事，甚至为现实的失败承担责任，而是将其认作自己的先辈，怀着敬意和温情，不苛责强求；（2）对制度、人事有个全盘的了解，同样的制度，因人事变化而败坏。

钱穆的《中国历代政治得失》因 5 次演讲只讲汉、唐、宋、明、清 5 个时期，于浩繁的制度规定、提纲挈领，将兵、赋、中央和地方政府作为重点，谈其千年的变迁，可以作为了解中国古代政治制度的入门书。虽然作为蒋介石的"帝师"，钱穆一生并不服膺马克思主义，但其知人论世的态度与方法却颇得唯物史观的精髓。

延伸阅读：

1. 陈寅恪：《魏晋南北朝史讲演录》，贵阳，贵州人民出版社，2014。
2. 吴晗：《朱元璋传》，西安，陕西师范大学出版社，2008。
3. 戴逸：《乾隆帝及其时代》，北京，中国人民大学出版社，2008。

6.《中国哲学简史》

作者：冯友兰 著，赵复三 译
出版信息：生活·读书·新知三联书店，2009 年版

冯友兰 85 岁的时候重新写作《中国哲学史》，这是他的第 4 部哲学史，他告诉给自己看病的医生，我要治病是因为还要写书，书要是写完了，我也就不治病了。95 岁时，几乎全瞎的冯友兰完成了《中国哲学史新编》，全书共 7 册，150 万字，这是冯友兰第 4 次写作中国哲学史。当年冯友兰去世，临终的遗言是："中国的哲学一定会大放异彩。"

冯友兰接触中国哲学是在 1917 年，当时胡适回到北京大学，是冯友兰的老师，1919 年胡适出版了他的《中国哲学史大纲上编》，这是近代中国第一本哲学史著作。也是这一年冯友兰远渡美国，在哥伦比亚大学申请奖学金时，著名哲学家杜威称赞冯友兰是"真正学者的材料"。他开始投入哲学研究，回国后进入清华大学文学院讲授中国哲学，1934 出版《中国哲学史》，这是他第一次出版哲学史著作，提出了自己对传统哲学的看法。该书出版以后，成为研究中国哲学的必读书目，无论西方还是中国，提到中国哲学必然提到冯友兰，提到冯友兰也必提中国哲学，他几乎因此书成为中国哲学的代言人。

冯友兰的《中国哲学史》被经常拿来同胡适的著作相比较，金岳霖评价胡适的哲学史著作简直是一个美国人写中国哲学著作，他认为研究哲学的人可以有成见，但是研究哲学史的人不应该有成见，在他看来，冯友兰的著作是真正的哲学史研究而非主义的宣传。而冯友兰自己则以为，对哲学史的研究有三个态度：一是信古派，迷信传统中国的一切，五四运动以来的老夫子们就是如此，对传统迷信崇拜；二是疑古派，胡适、顾颉刚等人受了西方考据史学的影响，对传统中国的古书采取怀疑和批判的态度，把大量的古代著作打成伪作；三是释古派，冯友兰认为自己所采取的就是这一态度，他认为伪书也可以反映古代的思想，他以新思想解释旧文化，用现代眼光打通传统哲学。

从西南联大时期起，冯友兰蓄起了大胡子，他号称一天不赶走日寇，一天不剃须，结果抗战结束，他也没有剃掉胡子，后来大胡子就成为他标准的形象，一直延续到去世。抗战胜利后，冯友兰去往美国，在宾夕法尼亚大学当了一年的客座教授，他用这一年的时间用英语写作了《中国哲学史简编》，这是他第二部中国哲学史著作，现在国内的版本是翻译稿，但也经过了冯友兰的审核。

人们常把冯友兰和金岳霖作比较：俩人一个土，一身长袍马褂；一个洋，西装革履。俩人著作也有鲜明的对比：金岳霖的著作是能把简单的事情说得特别复杂；冯友兰的写作风格，则是可以把非常复杂的东西说得很简单。有人还这样说过，你可以不

同意冯友兰的观点，但绝不会不懂冯友兰的观点。

　　除此之外，他的《中国哲学史新编》还是给外国读者所写，为了照顾西方读者，对大量的概念进行了转换，以尽可能通俗的方式表达，所以更加好读。同时，还加了很多有关中国社会和文化的背景知识，这对哲学史入门的读者来说扫清了阅读诸多障碍，所以，这本书是冯友兰书里最好懂、最容易理解的，愿中国哲学入门者，以此书作为垫脚石吧。

延伸阅读：

1. 冯友兰：《三松堂自序》，北京，人民出版社，2008。
2. 何柄棣：《读史阅世六十年》，北京，中华书局，2012。
3. 黄仁宇：《黄河青山》，北京，生活·读书·新知三联书店，2015。

7. 《美的历程》

作者：李泽厚
出版信息：文物出版社，1981 年版

李泽厚是整个 20 世纪 80 年代有思想的年轻人的精神引路人，现在学界独领风骚的七七、七八级，更可以说是读着朦胧诗和李泽厚的书成长的。

李泽厚 1930 年出生在湖南长沙，祖辈曾是江南水师提督，后因父亲早逝，家道中落。李泽厚过早见到人世的炎凉，因此一生不耐人情世故。12 岁时，李泽厚就经历了一场精神危机，认为人生皆苦，几乎自杀，这也奠立了他一生研究哲学的机缘。因为家贫，他尽管考入湖南省立一中（朱镕基的母校），后来还是改读湖南第一师范（毛泽东的母校），毕业后考进北大哲学系。

此时的北大哲学系，汇集了中国哲学界主要人物，如冯友兰、朱光潜等人，李泽厚是中华人民共和国的第一批大学毕业生，毕业后分配到中国科学院哲学研究所。1955 年，他投入美学大讨论中，和朱光潜、蔡仪等人辩论"美"是主观的还是客观的，开创了中国的实践美学派别。这个讨论让李泽厚声名大振。

1957 年的"反右运动"，他正好在敦煌研究壁画；1966 年的"文化大革命"，尽管他的观点受到批判，但是造反派查他的工资发现不够"反动学术权威"，他又逃过一劫。70 年代下放改造，对革命和造反已经意兴阑珊的人们开始转向日常生活，他们把精力用在打沙发、做无线电上，但敏感的李泽厚认为政治局势一定会改变，他在《毛泽东选集》下面偷偷地放着康德，因此改革开放一开始，他就出版了《批判哲学的批判》，让哲学研究所的同事大吃一惊。

《美的历程》写于 1979 年，他用几个月就完成了，严格意义上讲，应该算是中国艺术概论。此书发行了数十万册，是当时最畅销的学术著作。之所以流行，一方面，是该书的语言优美流畅，笔调清新，灵感迸发，本身就是美的文字；另一方面，该书打通了文学史、艺术史和中国文化史，李泽厚用他深厚的理性思维能力将这些学科联系在一起，并且讲活了，连冯友兰都表示佩服。

该书之所以产生如此重要的影响力，还和整个 80 年代的思想氛围有关。李泽厚开启中华人民共和国成立后的第二次美学大讨论，这里的美学并不仅仅是哲学的某个分支，事实上还承担了思想启蒙的作用。早在 20 世纪 20 年代，王国维、蔡元培等人最早提出美学教育，他们企图用美学替代宗教。而 80 年代的美学大讨论，事实上是借着美学复苏被压抑的个性和自我。从来没有任何时代像中国的 80 年代那样有如此多的人谈论美。所有的大学，甚至医科大学和农业大学都开设美学的课程，有的工厂也发来邀请，请李泽厚去谈美学，当时每个学科门类都有美学分支，包括新闻美学。

《美的历程》进入 21 世纪以后依然再版了多次，今天读来依然是理性和感性交融的才情之作，依然是提高人们对中国传统文化审美意识的重要参考之作。

延伸阅读：

1. 徐调孚：《中国文学名著讲话》，北京，中国青年出版社，2010。
2. 叶朗、朱良志：《中国文化读本》，北京，外语教学与研究出版社，2016。
3. 宗白华：《美学散步》，上海，上海人民出版社，1981。

8. 《维新旧梦录》

作者：朱维铮、龙应台 编著
出版信息：生活·读书·新知三联书店，2000 年版

《维新旧梦录》这本书出版于 2000 年的世纪之交，大概也是为了应"维新变法"100 年的景。主要编著者朱维铮是位传奇人物，于复旦大学历史系毕业，留校后曾担任周予同先生的助手，帮助编辑《中国历史文选》。有人在他去世的时候说他是"最后一个经学大师"，若是朱维铮听到恐怕要敬谢不敏。朱维铮继承了周予同的五四情怀，即破除传统经学的迷雾，他一再强调自己从事的是经学史的研究，对所谓的国学没有一丝的好感，因为写文章说孔子是私生子被一帮新卫道士批判得一塌糊涂。也因为朱维铮是从"选学"起家，所以他一生爱做"选"和"注释"，例如本书，以及《万国公报选》、章太炎注等，他的选本很有眼光，都是入门的善本。但这些工作是为他人做嫁衣，所以朱维铮的名气和他的作品数量其实是不成比例的。

朱维铮的学术兴趣很广泛，从经学史到史学史、再到中国近现代政治史和思想史都曾经涉及到。他口才好，常有名言警句脱口而出，有次复旦的某个会议，有理工教授对文科颇有微词，他立刻回击对方："在国外刷了几年试管有什么了不起，你出国是听别人的，我出国是别人听我的。"他是继季羡林之后第二位获德国高等院校荣誉博士学位的中国学者。朱维铮的文章写得也好，"文革"时就出入写作组，早年能写大批判文章，晚年还能写批判大批判时代的文章。

这本书的编著由两个部分构成：一是龙应台和朱维铮就"维新变法"写了一篇长的序言；二是编选了从龚自珍直到康有为有关变法的时论文章。后一部分主要体现了编著者朱维铮的眼光和文献考据的功力。朱维铮先生将"维新变法"放入更为广阔的历史背景中，以他深厚的经学背景，追溯了"维新变法"的经学传统，并考察了晚清的政局、西方文化的输入，以及江南新派文化的崛起等对"维新变法"的促成作用。好比下棋，"维新变法"的车、马、炮等都在他的文章里厮杀，整个文章简直活了。

现在学术文章一般都格式化，有一套标准的程序和话语规范，这样的"新八股"好处不说，但坏处是难读，没有生机和活力，而且学术琐碎化，研究的议题也往往无关社会弘旨，这样，如何让学术文章也好读、耐读！所以应该好好学习朱维铮的笔头功夫。

延伸阅读：

1. 钟书河：《走向世界》，北京，中华书局，2000。
2. 陈平原：《图像晚清》，北京，东方出版社，2014。
3. 茅海建：《苦命天子》，北京，生活·读书·新知三联书店，2013。

9.《义和团战争的起源》

作者：相蓝欣
出版信息：华东师范大学出版社，2003 年版

1900 年的"义和团事件"以及随后的"庚子赔款"是中国历史屈辱的一页。一群饱受欺凌的北方农民，受着巫术的指引，如大潮一般卷进中国政治的舞台，演出中国历史上少有的悲壮一幕。

尽管义和团的影响重大，也是中国近代史学界的研究重点之一，中华人民共和国成立后还特意在山东等地进行过大规模的民间调查，进行过有关"义和团运动"的口述史整理，但该事件本身的来龙去脉依然没有完全说清楚，很重要的原因：一是意识形态的影响问题；二是视野的问题。而关于后者，如果把"义和团运动"作为一个整体，则涉及华北的巫术问题、民间结社问题、教民和一般民众的冲突问题，以及北方官场和朝廷及外国人的三方博弈等诸多问题，甚至还涉及北方干旱的气候等因素。中国的研究大多关注于"义和团运动"的定性问题、运动的过程以及和官府的关系等，使用的多是中方的材料，尤其是高层政治方面的和一般民众的。

但这样的研究一直缺失了一个重要部分，即该运动的主要参与者——西方列强在中国的所作所为。而西方对于"义和团运动"也很关注，但用力点往往是作家式的猎奇，如传说中刀枪不入的巫术、使馆内的英雄主义和浪漫故事等，忽略了一个重要的面向，即从战争的角度解释这场仗是如何打起来的。

相蓝欣带着这样的疑问，切入这个学界研究的高地。他毕业于复旦大学，在美国约翰·霍普金斯大学获得国际关系方面的博士学位，长期从事国际关系方面的研究，现在在日内瓦。他有着国内一般研究者没有的三个优势：一是国际关系方面的知识，这使得他可以从国际关系这个全局来看待义和团战争；二是语言的优势，他在欧洲学习了除俄语以外所有参战国的语言，这样方便他研究相关的档案文献；三是材料优势，他利用身在欧洲的便利阅读了大量的一手材料，很多人想和他就他的著作辩一下，但看到几十页的参考文献就知难而退了。

该书出版以后，几乎所有近代史的研究者都更新了有关"义和团运动"的研究书目，将这本著作放到了周瑞锡和柯文等人之前，成为首选的必读书目。该书利用档案文献得出了明确的结论：义和团战争的产生，同西方在华外交官和传教士不懂中国国情有密切的关系。因此，他强调国际关系中熟悉对方国情的重要性。

延伸阅读：

1. ［美］柯文：《历史三调：作为事件、经历和神话的义和团》，杜继东译，北京，社会科学文献出版社，2015。

2. 莫言：《檀香刑》，杭州，浙江文艺出版社，2017。

10.《蒋梦麟自传》

作者：蒋梦麟
出版信息：岳麓书社，2000 年版

《西潮·新潮》一书，用著者蒋梦麟自己的话说，"有点像自传，有点像回忆录，还有点像近代史"。近代以来欧风美雨如大潮席卷江南，中国不断适应着这样的风雨，在艰难中谋求国家的独立。而蒋梦麟自己也在这个潮流之中。

全书分为七个部分，第一部分是蒋梦麟自己的童年。他的家境富足，江南社会稳定，大部分人同他的老舅一样："他在老年时额头也不显皱纹，足见他心境宁静，身体健康而且心满意足。"但这宁静马上被打破，传教士和西方工业制品也渗透到江浙的农村，让很多人都破了产。他的父亲是个敢于探索的人，曾自己造了一条船，但在家乡的河道上开了 100 米就沉了下去，他父亲便知道，除了轮船的外表，还有更深的道理自己没有学到，于是，父亲立下了送儿子出国的决心。

他被父亲送到新式学堂读书，在绍兴的中西学堂他遇到了老师蔡元培，并在此后还多时担任蔡元培的接班人。1903 年他考取了秀才，但在传统和西化的歧路上他徘徊了许久，最终选择了那条新的道路——自费去了美国。

书的第二部分是他的教育经历。本来他去的头半年学的是农学，但有一次，他看见路上活蹦乱跳的孩子，就想自己为什么要伺候花花草草，而不研究大活人呢？于是他改了行，进入社会学院专攻教育学，在哥伦比亚大学修得哲学博士学位。

他回国时，"辛亥革命"已经结束了。在第三部分，他发现自己走的这几年中国已经变了：女孩不纺布，男人也进工厂做工，还有了提倡男女平等的思想。蒋梦麟先是在上海帮助孙中山整理文稿等，不久，他创办了《新教育》杂志，将他的老师杜威的理念介绍到中国，在当时产生了很大的影响力，这也是他投身教育的开始。五四运动以后，蔡元培先生不愿受风潮的胁迫，辞去北大的校长，北洋政府一再劝说后，他指定蒋梦麟代管北大，这便是蒋梦麟与北大 20 多年缘分的开始。

书的第四和第六部分叙述的是北伐以及抗日战争。北伐之前，北京爆发了抗议日本的"3·18"事件：段祺瑞政府向学生开枪，打死了 3 名北大学生。一怒之下，性格温和的蒋梦麟在追悼会上痛斥北方政府，因此上了通缉的名单，他会议结束后家也没回，躲到了六国饭店，半年后逃回了南方，在浙江担任教育厅厅长，创办了浙江大学。后又担任教育部部长，但不满两年就被拱了下去。1930 年的北大，工资发不出，老师只顾挣钱，学术地位一降再降，南北统一后，蔡元培再次推荐蒋梦麟北上，正式就任北大校长。

抗战以后北大播迁到昆明，蒋梦麟也是在这里写下了这本书，书的第四部分和第七部分是关于中国社会的一些介绍。蒋梦麟在昆明期间，因为组成了西南联合大学，三校共治，所以人事关系特别复杂，蒋梦麟一改一丝不苟的态度，将日常管理工作都交给梅贻琦，所以有人说蒋梦麟在西南联大期间，就是白天跑轰炸躲在防空洞里和沈尹默学书法，晚上和各种鬼子应酬喝红酒，还有就是写了这本自传性质的书。所以，抗战快胜利的时候，蒋梦麟被大学教授们又一次拱下了台，从此告别了教育界。

这本书起初用英文写成，过了10多年再转译回中文。蒋梦麟出生于1886年，写书时已经年过半百，这本书是个充满智慧、饱经世故的老人对中国社会的看法。他把自己不平凡的阅历用极其平易近人的口吻道出，就如隔壁的老大爷聊天一般，但在每一页都闪烁着他的智慧。蒋梦麟认为西潮冲击中国是不可避免的，但应当同中国悠久的文化和醇厚的道德传统相结合。蒋梦麟擅长从平凡的琐事里发现伟大的历史意义，如从上海的摩登女郎联系到中国社会的变迁，在描述逸事时栩栩如生，不时出现名言警语，所以，该书也是了解中国近代社会变迁的很好的入门书。

延伸阅读：

1. 陈旭麓：《近代中国社会的新陈代谢》，北京，中国人民大学出版社，2012。
2. 徐中约：《中国近代史》，北京，世界图书出版公司，2013。

11.《我们的中国》

作者：李零

出版信息：生活·读书·新知三联书店，2016 年 6 月

"天地玄黄，宇宙洪荒，日月盈仄，辰宿列张……"古代的中国，孩童第一次识字就从《千字文》中的天地日月开始。时间和空间，编织了一张细密的生命之网，每个人都从中诞生，以各自不同的方式不断与历史、与世界相遇。

但是，当我们谈论"我们的中国"时，常常不由自主地忘却了"空间"：上下两千年，中国的历史和传统绵久悠长，而中华文明的核心区域则如同一个舞台，人事代谢，往来古今，不变的仍是这片乡土。但在北大李零教授看来，认识中国，丝毫不能忽略的就是这个地理之维。

李零教授的《我们的中国》一套四卷，核心就是一个"行"字：《茫茫禹迹：中国的两次大统一》讲的是"行走创造的历史"——今天的中国，古代的天下，正是大禹治水中所走过的地方；《周行天下：从孔子到秦皇汉武》讲的是那些历史上"最伟大的行走者"——正是孔子和秦皇汉武的行走创造了今天中国的文化疆域；《大地文章：行走与阅读》讲的是作者本人的行走——正是在这种古今相遇的行走中，历史与地理之维融合在了一起；《思想地图：中国地理的大视野》讲的是思想的行走——一个器物、一个地点钩沉起的断想思考。

以地理来观察历史，就是要"立足中国土"，从这片土地本身开始来查访生于斯长于斯的文化与现实，并在这个基础上，和源自西方、从西方的土地和传统中抽象出来的概念对比、碰撞。在这种碰撞中，李零发现，"我们的中国"，不是移植于欧洲帝国解体、群雄并立的"民族国家"，更不是生造出来的"想象的共同体"，而是"前前后后，时间在 2200 年以上"，通过两次大统一而"锻造"出来的："西周大一统是第一个大一统；第二个大一统是秦始皇的大一统，它和西周封建相反，不是靠热乎乎的血缘纽带和亲戚关系，而是靠冷冰冰的法律制度和统一标准。中国的大一统是靠这两股力，热一下，冷一下，共同锻造，好像打刀剑要淬火一样。"

这种"统一"的过程，本质上是一个持续了两千年的从文化到政治的融合过程。其中，地理上不同群体的迁移往复则如同一些缠绕的丝带，把"我们的中国"紧紧连接在了一起。李零考证："夏、商、周三代，其实是三族，从地理角度看，周人在西，夏人在中，商人在东。商人从东往西夺天下，周人从西往东夺天下，都是以夏地即冀州为中心。他们的后代，甭管住在哪里，都说自己是住在'禹迹'，为什么？就是因为他们相信，谁夺取了夏地，谁就得到了中国，谁得到了中国，谁就得到了天下。"而西周之所以能以僻处雍州的"蕞尔小邦"征服、占领和驯服了一个比它大很多的国家，继承和超越了商代与夏代，所依靠的正是文化上的"礼""乐"，以及"道德伦

理"——李零提出的"天下共主"的象征性符号和"兴灭继绝""封建亲戚""柔远能迩"三大方法就是这种"以德治国""以文化人"的具体表现:"一姓何以服天下,只有一个办法,就是把大家的祖宗都请出来,共享太平。"这样,周代文化的基础铸就了,而秦汉的行政一统和武力远征则为"我们的中国"划定了最后的核心和边界。

作为一种历史记忆,周代的理想和原则其实一直沉积在"我们中国人"的心底。我们今天提出要实现"中华民族伟大复兴的中国梦",而李零说,孔子所做的"周公之梦"就是"第一个中国梦":"梦想恢复西周大一统"——这种西周的大一统,不是建立在武力杀伐、铁血苛律之上,而是建立在近者悦、远者来的"礼乐教化"之上。今天的中国梦,最后也将是一个"周公梦""文化梦"。

延伸阅读:

1. 李零:《鸟儿歌唱:二十世纪猛回头》,北京,北京大学出版社,2014。
2. 金一南:《苦难辉煌(全新修订增补版)》,北京,作家出版社,2015。
3. 雷海宗:《中国的兵》,北京,中华书局,2012。

12. 《伟大的中国革命——1800—1985（新版）》

作者：费正清 著，刘尊棋 译
出版信息：世界知识出版社，2014 年版

费正清（John King Fairbank），是鼎鼎大名的美国汉学巨擘，在美国知名学府的东亚系中想找出一个没有费氏门徒的地方，几乎不大可能。人们私下里通常以中间名字来称呼他——King，王者、至尊。

"费正清"这个典雅的中文名，乃梁思成、林徽因夫妇所取，意为"正直清白"。费正清与中国的深厚渊源，由此可见一斑。他一生中 5 次来华。1932 年年初，这位 25 岁的牛津大学博士候选人，在"一·二八"淞沪抗战的硝烟中踏上中国的土地，穷 4 年之力研习中文、搜集资料，最终完结博士论文《中国关税的起源》。其间，费正清在北平胡同里迎娶了新娘费慰梅（Wilma Canon Fairbank），为了补贴家用，他经蒋廷黻引荐在清华大学讲授过经济史。费正清在中国结交了许多知识分子，如钱端升、胡适、陶孟和、丁文江、陈岱孙、叶公超、周培源、费孝通等，特别是与梁思成、林徽因夫妇以及金岳霖过从甚密，或许也曾经像金岳霖一样拜倒在林徽因的石榴裙下（李欧梵语）。在晚年所著《中国回忆录》（Chinabound）中，费氏深情写道："我们在中国（或者进一步说在世界上）最亲密的朋友，要算是梁思成、林徽因夫妇俩了。"

返回美国之后，费正清任教哈佛大学，出版了多部影响深远的中国研究著作，如《美国与中国》《中国：传统与变迁》《伟大的中国革命》等，被公认为学界泰斗，主编了皇皇十五卷本的《剑桥中国史》。费正清对学术的热忱感人肺腑，1991 年病逝前一天，他亲手把《中国新史》（China：A New History）的书稿交给哈佛大学出版社，"然后就平静地去了，似乎大功已经告成，了无牵挂"。

当然，费正清并不是学院派的书呆子，他既精通"学"，又谙习"术"，著名的哈佛大学东亚研究中心即由他一手创立，同事们说他"精通企业家技巧""熟谙权力运作"。这个机构几十年间培养了数百位中国问题专家，孔飞力、魏斐德、史景迁、傅高义等汉学名家皆出自费正清门下。学术之外，费正清积极投身实际工作，"二战"期间曾来华担任战略情报局官员、美国新闻处驻华分署主任等职务，战后也参与美国对华政策的讨论与制定，获誉"头号中国通"。

《伟大的中国革命》一书，堪称费正清的代表作，他的学识、胸襟、幽默、文笔，特别是对中国的深情厚义，都在书中展露无遗。萧乾的点评恰如其分，"这是对中国感情最深厚而成见最少的一位正直的美国学者的论著"。在这部篇幅不长的著作中，费正清以宏阔的视野和精练的笔法，把中国近现代约 200 年的风云变幻熔铸一体，呈

现了一个文明古国转型为现代国家的曲折历程。

在此书出版之前（1986 年），国际汉学界关于中国的专门著作已然汗牛充栋，专家们推崇精耕细作，排斥宏大叙事，费正清则认为整体的视野仍是必要的，应该有人把中国的过去与现在贯通起来。对于这种写法的学术风险，费正清完全明了，他自嘲道："我们现在需要的，是一个不必顾虑自己名声会受到什么影响的、够退休资格的教授。"书中还有许多自谦之词，比如"拼凑故事""泛泛而谈""不负责任""不精确"等。实际上，如此纵览全局的大手笔，唯有费正清这样的功力方能驾驭。加尔布雷恩（John Galbraith）说得好，"费正清在此展现了学术大家的最高智慧"。

费正清的文体也颇堪玩味。他在前言中说，这本书以通俗的美式英语写成，目的是使"非汉学家""不太内行的人"也能读懂。费正清的写作一向以简单、有力而著称，李欧梵在哈佛求学时，曾把费正清的著作视为"英语读本"，背诵得滚瓜烂熟，然后模仿练笔。工作之后两人通信频繁，李欧梵仍然从信中学习费正清的遣词造句。若干年后，李欧梵还记得一个细节："譬如讲到 1870 年'天津教案'的一段，就说（大意如此）'英国领事举枪向……射击，不中，再射一枪，击毙……'当时我最欣赏的就是这'不中'一语，英文只有一个字——'Missed'，传神之至。"（《我的哈佛岁月》）

此书译者刘尊棋是著名记者，新闻出版界的元老，曾任英文《中国日报》、外文出版社总编辑，与费正清相交多年。刘尊棋也是知名翻译家，费正清称赞他"用最好的中国文字"翻译了这本书。

延伸阅读：

1. ［美］莫里斯·迈斯纳：《毛泽东的中国及其后：中华人民共和国史》（第 3 版），杜蒲译，香港，香港中文大学出版社，2005。

2. ［美］傅高义：《邓小平时代》，北京，生活·读书·新知三联书店，2013。

3. 朱鸿召：《延安日常生活中的历史（1937—1947）》，桂林，广西师范大学出版社，2007。

13.《李宗仁回忆录》

作者：李宗仁 口述，唐德刚 撰写
出版信息：广西师范大学出版社，2005 年版

前不久，有幸被女儿所在学校邀请，作为家长代表出席了孩子们迎接新年的文艺演出。其中有一个小合唱，孩子们穿着青衣一排排地站在台上，一水儿的"民国范儿"——这正是最近舞台上流行的打扮。

孩子们的衣服很漂亮。民国时，正是中国革命最激烈、最动荡的时期，那时的服装洋溢着中国传统，又掺杂了一些西洋的审美，很文艺，也负载着一个民族自尊、自强的希望。

回望历史，我们总是寄托了太多对于未来的想象。田园诗一样的黄金时代真的存在过吗？作为历史的重要当事人和见证者，李宗仁的回忆呈现了那个时代的侧影，既来自历史的帷幕之前，也来自历史的舞台背后。

李宗仁的回忆刚好从民国诞生前后开始。他的军旅生涯开始于清末新政的顶峰，从革命前的广西陆军小学到革命后的陆军速成学堂，同一所学校，革命前后校风、学风发生了巨大变化，与人们所期待的恰恰相反，那个"严肃笃实""极有纪律"的陆军小学在革命后变为陆军速成学堂后，"管教远不若陆小的严肃""学风也不若陆小的淳朴"，甚至于有的同学"易服狎游"。令人吃惊的是，这种颓风在革命成功之后普遍存在："不意在革命之后，这种欣欣向荣的气象反而消失。以前的所谓新人物，现在大半变成旧官僚；以前的新政机构，现在又都变成敷衍公事的衙门。"

这就不难理解，作为亚洲第一个共和国的中华民国，虽然改头换面，但在实质上，不过只是刚刚步入历史的"三峡"。当下的中国，实由一连串的"革命"所造就，而传统就像"重力"一样，即使是革命者也不可能脱离它一飞冲天，而不得不持续"接力"。

这种"接力"强烈地体现在李宗仁对于中国近代历次重大事件，以及对国民党和蒋介石执政的反思上。比如，对于国民党军令、政令的不统一以及在大陆的彻底溃败，在李宗仁看来，根本在于最高统治者的私心自用，以及曾经的革命政党蜕变成为一个庞大的利益集团。

在检讨 8 年抗战的成败时，李宗仁说，"中央当局为政既不以德，则中国真正统一便永远不能完成。为应付这一错综复杂的政治局面，蒋先生在中央各部门及其权力能到达的省份中，全是因人设事。不是用人唯才、励精图治，而是以政府名气作酬庸，来拉拢亲蒋人士。因而在中央能彻底控制的省份中，其行政效率与各项建设反不若中央政令不能贯彻的各省"。甚至抗战末期的中国远征军，也有不可告人之处："殊不知

日本宣布投降后不久，中央即密令杜聿明围攻昆明五华山，龙云被迫应战，我才恍然大悟，原来蒋先生之所谓打通滇缅路，其用意实在此不在彼。"

除了军事上的私心自用之外，国民党更以极其寡廉鲜耻的方式盘剥百姓："刚胜利时，沦陷区中伪币的实值与自由区中的法币相差原不太大，而政府规定伪币与法币的兑换率为200：1。以致一纸命令之下，收复区许多人民顿成赤贫了，而携来大批法币的接收人员则立成暴富。政府在收复地区的失尽人心，莫此为甚。"以至于李宗仁自己都忍不住疾呼："国家在大兵之后，疮痍满目，哀鸿遍野，而当国者却如此以国事逞私欲，国民党政权如不瓦解，真是无天理了！"

回到本书，《李宗仁回忆录》写明是由李宗仁口述，著名历史学家唐德刚撰写。唐德刚自述对李宗述的回忆一一进行核实，力争使其成为"民国信史中不可分割之一章，势必永传后世"。举凡李宗仁的自述中涉及有争议的史实部分，唐德刚则以"编者注"的形式提供了对史实的另一种描述。如讲述共产党在第五次反围剿失利入境广西后，"死伤万余人，被俘7000余人"的"剿共大捷"，唐德刚则"附注"了当时参与拍摄《七千俘虏》电影的相关人员的话——"双方并无战斗""俘虏的镜头，是由民团扮演的，战利品的镜头也全是假的。"——以此作为一种平衡和补充。

历史是丰富的，也是复杂的。探究历史真相，往往来自对我们自己的追问。如何不蹈历史的覆辙，如何"正心诚意""让革命进行到底"，百姓在"变乱百年，民穷财尽"的波涛后"重睹太平盛世"，于我们，不仅在于深思，更在于责任。

延伸阅读：

1. 唐德刚：《袁氏当国》，桂林，广西师范大学出版社，2015。
2. 杨天石：《找寻真实的蒋介石：还原13个历史真相》，北京，九州出版社，2014。

14. 《现代稀见史料书系》

作者：王明、张国焘等
出版信息：8种10册，东方出版社，2004年版

历史通常是由胜利者书写的。那么，在失败者的笔下，历史是怎样一幅图景？"现代稀见史料书系"这套回忆录的作者，正是中国革命的失败者、出局者、另类人物。仅此一点，足以引人关注。

《中共50年》是20世纪70年代初期王明（陈绍禹）在苏联出版的，王明曾任中共中央代理总书记，一度是共产国际指定的中共领袖、理论权威，40年代声势浩大的延安整风运动，直接目标就是肃清王明的政治和思想影响。中华人民共和国成立后，王明赴苏联治病并长期滞留，1974年病逝于莫斯科，其间连篇累牍地歪曲历史、攻击中国共产党和毛泽东，这本回忆录即是其一。

张国焘的党内资历比王明犹有过之，他是中共"一大"12名正式代表之一，长征途中公然另立中央，险些对革命造成毁灭性打击。毛泽东曾对斯诺说，与张国焘的斗争是他"一生中最黑暗的时刻"。1938年，时任陕甘宁边区政府代主席的张国焘伺机逃离延安，继而为戴笠的军统效力。中华人民共和国成立前后张国焘辗转于中国台湾、香港，加拿大等地，1979年在多伦多去世。60年代中期，张国焘在香港《明报月刊》连载《我的回忆》，细数叛党以前的政治经历，评述了建党前后以及两次国内革命战争、抗日战争前夕的诸多历史事件。《明报月刊》支付给张国焘一笔不菲的稿酬，成为他们夫妇俩晚年主要的生活来源。

其他几位主人公同样身世不凡。《中国纪事》作者奥托·布劳恩，中文名李德，共产国际派遣中国的军事顾问，第五次反"围剿"的最高指挥官，差点葬送了红军；《苦笑录》作者陈公博，中共"一大"代表，国民党"二大"中央执行委员，汪精卫傀儡政府二号人物，1946年从日本引渡回国，旋即枪决；《双山回忆录》作者王凡西和《郑超麟回忆录》作者郑超麟，均为中国"托派"领袖，在中共党史上，"托派"几乎是比"阶级敌人"更为恶劣的标签；《莫斯科中山大学与中国革命》的作者盛岳（盛忠亮），早年留学苏联，"二十八个半布尔什维克"之一，曾任上海中央局代理书记，被捕后变节，加入中统；《延安日记》作者弗拉基米洛夫，中文名孙平，塔斯社记者，1942—1945年作为共产国际联络员进驻延安。

改革开放初期，东方出版社（人民出版社的副牌）以"现代史料编刊社"的名义，内部出版了这套丛书，在控制的范围内供有关领导和党史研究者参考，俗称"灰皮书"。丛书出版以后颇受学界重视，若干史实甚至成为一些重要著作的论据。2004年，东方出版社应读者要求，并报经有关部门同意，以"现代稀见史料书系"为名重新整理编印，仍是内部出版，限量发行。因为采用清一色的黑色封面，获名"黑皮

书"。正如党史专家石仲泉所言，这套丛书有助于人们进一步认识历史的曲折性和复杂性，更加深入地把握国史和党史上的一些重大事件和人物，补充或纠正若干历史细节。

当然，就像"出版说明"所提醒的，这些作者囿于政治立场、思想观点以及复杂的历史原因，明显存在曲解史实、诋毁他人、吹嘘自己等缺陷，研究者应该谨慎辨析，去伪存真，披沙拣金。以《延安日记》为例，延安时期，任弼时的秘书、毛泽东的俄文翻译师哲，因为工作关系与弗拉基米洛夫交往较多，他在读到《延安日记》后勃然大怒，认为该书"严重歪曲事实，任意中伤诽谤……与他在延安同我讲的话是完全不一样的"。弗拉基米洛夫的儿子尤里（Yury Vlasov），也曾在1991年撰文发表声明，承认《延安日记》是"珍宝岛事件"之后由苏联官方炮制的，尤里透露，当时他被叫去整理父亲档案，苏共中央书记处希望利用他父亲从延安发回的电报和其他情报资料编写一部日记，并命令他来操刀。

这要求我们要以审慎的眼光、批判的意识来阅读这些文本。极而言之，所有的回忆录都应作如是观，因为一切知识都应当接受质询，而不是理所当然的先验真理。

延伸阅读：

1. 邓力群：《邓力群自述（1915—1974）》，北京，人民出版社，2015。
2. 师哲口述、李海文：《在历史巨人身边：师哲回忆录》，北京，九州出版社，2015。
3. 赵超构：《延安一月》，北京，中国国际广播出版社，2013。

15.《亚洲腹地旅行记》

作者：斯文·赫定 著，周山 译
出版信息：江苏凤凰文艺出版社，2011 年版

1880 年 4 月 24 日，"维加号"完成了东北航道的探险，冒着蒸汽驶入斯德哥尔摩的港口，整座城市沸腾了。站在欢腾的人群中的小男孩斯文·赫定此时暗自发誓："总有一天，我也要跟他们一样从远方荣归故里。"但与小男孩最初的想象不同，他一生的事业不在北极，而在遥远的亚洲大陆。

《亚洲腹地旅行记》（*My life as an Explorer*），直译为"我的探险生涯"。的确，斯文·赫定生命中精力最旺盛的阶段几乎都在亚洲的广漠内陆中度过。他所到过的地方，很多是中国古代文人"铁马冰河入梦来"的所在，即使是在今天，绝大多数中国人也只是在书中看到这些名字。

"楼兰古城"是斯文·赫定的一个最大发现。1900 年，斯文·赫定无意中发现了这座沙漠中的古城，1901 年，他再次来到楼兰遗址，从中发掘出大量文物。在书里，他详细描绘了发现楼兰的过程："地上一条条西南走向的沟壑实在非同寻常，于是切诺夫和奥迪克两人走在前头，以寻找最合适的路线。下午 3 点钟，他们突然停下脚步。我还以为他们又看见野骆驼了，但是这次是截然不同的东西，而且更为引人注目。他们站在一个小土丘上，竟然发现这里还有几间木制的房子。"斯文·赫定很快就离开了这里，但不久后再次返回楼兰故地："3 月 3 日，我们在一座高达 29 英尺的土塔楼底下扎营……现在我们完全与世隔绝。我感觉自己俨然是一位坐守国都统管天下的君王。这世上再没有人知道还有这么一个地方存在。""几乎所有的屋舍都是用木头盖成的，墙壁则是由成捆的柳条或泥巴糊上的柳枝构成。有 3 处地方的门框仍然挺得很直。有一扇门实际上就是敞开着，遥想 1500 多年前这座古城里的最后一位居民将门推开，此后就没有变样。"

斯文·赫定在书里描述最多的"伙伴"就是骆驼。骆驼不仅是他漫长艰辛的、往往处于沙漠地区的重要交通工具，更是他在寂寞跋涉中的伴侣。他写道："3 月 15 日，我们离开河床，前往雅尔丹泉，所过之处常常能见到野骆驼的足迹。在亚洲的极内陆中，我第三次遇见这些号称沙漠主人的高贵动物，它们近乎与世隔绝，住在地球上最难到达的地方。""在夏天，野骆驼每隔 8 天便要喝一次水，冬天就能撑上 14 天。而且它要找泉水的话一找一个准，仿佛在穿越茫茫沙海时有航海地图相助。野骆驼在 12 英里以外就能嗅出人的气味，随即像阵风似的逃走。它一闻到营火的烟味便掉头躲开，有人支过帐篷的地方，它也长时间避而远之。它碰见家养骆驼也会逃开，但是碰上年幼的骆驼却并不避讳；因为这些小骆驼还不曾给人使用过，它们的驼峰还没有被行装和驮鞍压得变形。"

有些时候，斯文·赫定的语言又像诗歌一样。当他的一个伙伴在沙漠中不幸离世，斯文·赫定低诉道："这一段路走得人伤心而阴郁。听不到人唱歌，也没有人说话，只有大铜铃当当响着，仿佛举行告别葬礼时敲响的教堂丧钟。两只乌鸦在我们头上盘旋。牦牛、野驴和羚羊注视着我们，比往常更靠近我们。它们似乎也知道了，荒原之上的好猎手已与世长辞。"

　　记者是记录历史的人。但很多时候，历史不仅在书上，更在路上。斯文·赫定不仅是一名传统的探险家，同时也是一位严谨的学者。每到一个地方，他都极为认真地作各种记录，这些记录成为"地理科学的真正胜利"。从拿着工具来丈量世界这个角度来说，斯文·赫定也是一个"好记者"。

延伸阅读：

　　1. ［美］拉铁摩尔：《中国的亚洲内陆边疆》，唐晓峰译，南京，江苏人民出版社，2005。

　　2. 王蒙：《你好，新疆》，北京，人民文学出版社，2011。

　　3. 刘亮程：《在新疆》，沈阳，春风文艺出版社，2016。

　　4. 沈苇：《新疆词典》（增订版），上海，上海文艺出版社，2014。

16. 《乡土中国》

作者：费孝通
出版信息：人民出版社，2008 年版

"各美其美、美人之美、美美与共、天下大同"。随着中国越来越走进世界舞台的中心，费孝通先生提出的"文化自觉"逐渐成为多数人的共识，在一定程度上，也为建设一个和谐世界提供了一个有力的中国方案。"美"不能只是语言上的，而要从内心生发出"美"的感受来，则先要经历从认识到了解，再到认同的过程。

《乡土中国》就是这样一本让我们从中国社会的"下层"和"根基"上去认识、了解故土故乡的"小书"。《乡土中国》全书只有 14 篇小文章，掐头去尾之后不到 90 页，但却简单朴实地提出了有关中国文化和传统极为博大的概念。

费孝通说："文化是依赖象征体系和个人的记忆而维护着的社会共同经验。""每个人的'当前'，不但包括他个人'过去'的投影，而且还是整个民族'过去'的投影。历史对于个人并不是点缀的饰物，而是实用的、不可或缺的生活基础。"也是因此，"我们不但要在个人的今昔之间筑通桥梁，而且在社会的世代之间也得筑通桥梁，不然就没有了文化，也没有了我们现在所能享受的生活。"

既然"文化"对生活于其中的个人来说如此重要，那么，中国文化不同于西方的"底色"到底是什么？在费孝通看来，和西方不同，"我们儒家最考究的是人伦"，而所谓"伦"，"就是从自己推出去的和自己发生社会关系的那一群人所发生的一轮轮波纹的差序""在差序格局中，社会关系是逐渐从一个一个人推出去的，是私人联系的增加，社会范围是一根根私人联系所构成的网络，因此，我们传统社会里所有社会道德也只在私人联系中发生意义"。因此，"中国的道德和法律，都因之得看所施的对象和'自己'的关系而加以程度上的伸缩""因为在这种社会中，一切普遍的标准并不发生作用，一定要问清对象是谁，和自己是什么关系之后，才能决定拿出什么标准来"。

除了"差序格局"，费孝通在文中还提出了"礼治秩序""长老统治""无讼"等概念，成为理解中国传统社会的一把把金钥匙。

这本书的写作是在抗日战争的危亡时期完成的，因之，这本书里虽然写的是"传统"，但通篇强调的却是"传统"与"现代"、基层的"乡土"与上层的"城市"之间的不同，以及这种不同给急于推广现代理念可能带来的困扰。

在谈及"文字下乡"时，费孝通说，"我绝不是说我们不必推行文字下乡""我要辨明的是乡土社会中的文盲，并非出于乡下人的'愚'，而是由于乡土社会的本质……所以提倡文字下乡的人，必须先考虑到文字和语言的基础，否则开几个乡村学校和使乡下人多识几个字，也许并不能使乡下人'聪明'起来"。

随后，在谈到法律下乡时，他再次说："现行的司法制度在乡间发生了很特殊的副作用，它破坏了原有的礼治秩序，但并不能有效地建立起法治秩序。法治秩序的建立不能单靠制定若干法律条文和设立若干法庭，重要的还得看人民怎样去应用这些设备。更进一步，在社会结构和思想观念上还得先有一番改革。如果在这些方面不加以改革，单把法律和法庭推行下乡，结果法治秩序的好处未得，而破坏礼治秩序的弊病却已先发生了。"

当下再看费孝通这番话，仍然如黄钟大吕。须如，"无土栽培"种不出大树，只研究"问题"不关心"主义"，结果只能是东施效颦。

延伸阅读：

1. [美] H. 金：《四千年农夫》，程存旺，石嫣译，北京，东方出版社，2016。
2. 季栋梁：《上庄记》，北京，北京十月文艺出版社，2014。
3. 阎海军：《崖边报告：乡土中国的裂变记录》，北京，北京大学出版社，2015。

17.《黄河边的中国》

作者：曹锦清
出版信息：上海文艺出版社，2000 年版

曹锦清的《黄河边的中国》是一部研究"三农"问题的经典著作。但与其他"经典"作品不同的是，《黄河边的中国》不是以它的"系统性"见长，相反，它只是一部记录了作者"漫游中州大地，沿途所看、所听、所思、所虑"的访谈日记。除了分成上、下两编之外，没有任何章节，每日所记之事看起来也似乎相当随意，有的更类似于杂文和杂感。

这样一部著作自然免不了背上"拖沓""冗长"之讥，而几达 800 页的篇幅在今天这个以"短"为善的时代也显得格格不入。但本书在出版后迅速在知识界和社会上掀起极大的热潮，或许恰恰与它的这种"随意"和"冗长"有关。曹锦清在"前言"中提到，原书计划分为三部分，第一部分是总报告和分报告，第三部分是历史与理论。现有部分只是原计划中的第二部分：逐日访谈纪要。这种"明智"的选择，使这本书脱离了一般意义上的"学术规范"，同时又尽可能地保留了大量作者调研和所思所想的脉络细节，也因此，它得以从象牙塔中少数人交流的"高台"上走下来，成为作者所谓的"集体创作"——它真实地记录了人人熟悉却又只见一隅的"历史"，并通过一名学者的思考，为之提供了厚度和纵深。

也因此，对这本书可以有几种不同的读法：一是将其作为一本"理论书"。如果将之比作一部新闻作品，那么，《黄河边的中国》就类似于一篇述评。作者曹锦清的观点不时在各处出现，这些观点与他所思所见有关，却又不仅仅只是感慨，有些观点甚至一再出现。比如，当谈到村落农民的问题时，曹锦清说："中国激进知识分子好谈专制与民主。他们只把专制与民主视为一种政治制度，又将政治制度视为一件可以随时替换的衣服。他们被西方政治概念蒙住了眼睛，看不到政治制度赖以有效运作的社会心理与习惯。当广大村落农民尚未学会自我代表，且需别人来代表时，一切法律与民主的制度建设只能是一层浮在水面上的油。"

二是可以将其作为一本"方法书"。作者反复讨论的一个问题就是，采取什么样的方法来研究转型期的中国社会。作者所选择的这种"观察访谈"，"实质上是研究者与被研究对象的一场持续深入的对话。这种亲密的接触，使研究者的领悟与观察访谈所获得的生活信息处于不停顿的交流之中。由此而获得的调查资料不仅是真实可信的，而且是可亲的"。除了这种研究方法，更可贵的是，作者对待理论的态度，即所谓的"无知"和"悬置"。"无知"是"把一切熟悉的现象当作不熟悉的东西而加以观察、提问与思考"；"悬置"则是"将我们头脑中已有的理论、概念与假设，在调查过程中暂时地悬置起来""不要用先入为主的概念去套裁经验材料，而应让概念与经验

事实自由地结合，或依据经验事实对概念作出必要的修正"。在当下的中国学界，这样一种"不唯书、不唯洋，只唯实"的方法取向显得尤其重要。

三是将其作为一本"社会书"，这或许就是作者的本意。作为一种"集体创作"，这本书就是一部"采风"。或准确的数字统计，或"戏谑"的酒席之言，都描绘着当下中国乡村的现实，反映了"变动着的社会事实与社会情绪"。如文中啼笑皆非的"流产指标"："（村支书说）从1992年开始，市、县计生办还制定了一项新的规定：各村每年按全部育龄妇女（从新婚到49岁）的2％比例，送到县卫生院进行流产。这个指标定得莫名其妙。各村超计划怀孕的人数各不相同，同村各年超计划怀孕的人数也不一样。按这个指标，我村每年得送2名孕妇去做流产手术……为了完成这一指标，看来我们还得每年安排两名妇女超计划怀孕了，你说荒唐不荒唐。"

"荒唐"往往真实。作为一本描述世纪之交"乡土中国"的著作，《黄河边的中国》所述及的一些现象或许已经不复存在，但其中展现的种种现实细节和生活百态仍然值得我们一再认识、反复体味。

延伸阅读：

1. 曾维康：《农民中国：江汉平原一个村落26位乡民的口述史》，北京，高等教育出版社，2012。

2. 温铁军：《三农问题与世纪反思》，北京，生活·读书·新知三联书店，2005。

3. 应星：《大河移民上访的故事》，北京，生活·读书·新知三联书店，2001。

18.《我的情报与外交生涯》

作者：熊向晖
出版信息：中共党史出版社，2006 年版

1955 年 4 月 11 日下午 6 时 30 分左右，从香港飞往印度尼西亚雅加达的印度国际航空公司"克什米尔公主"号飞机在飞越北婆罗洲沙捞越上空 1.88 万英尺处突然传出爆炸声，接着滚滚黑烟进入座舱和机舱。乘坐该机的 8 名出席亚非会议的中国代表团工作人员和记者及越南、波兰、奥地利 3 名工作人员都静坐在自己的座位上，等待着早已预料的不幸事件发生……这就是震惊中外的"克什米尔公主号事件"。3 名新华社记者——沈建图、黄作梅、李平在事件中牺牲。

外国记者曾多次访问 3 名生还的"克什米尔公主"号飞机乘务员。谈到飞机爆炸起火的一瞬间时，一名乘务员说中国共产党人真是非凡的人物，他们直到飞机落水下沉，都始终保持着惊人的镇静态度，纪律严明，毫不惊慌失措，是他从来没见到过的一种人。

事隔多年，不断浮出水面的史实证明，沈建图、黄作梅、李平等多位在事件中牺牲的烈士在登上飞机前已经知道即将发生的一切（4 月 9 日晚中国外交部已获悉相关情报，并将周总理的指示转告香港新华分社和中国代表团）。这或许是他们如此"镇静"的一个重要原因。熊向晖作为参与这一事件交涉的重要当事人，在《"克什米尔公主号"案件真相》中详细回忆了事件的发生经过和与英国政府、港英当局交涉的过程。

熊向晖，1919 年 4 月出生，清华学子，长期从事中国共产党地下工作，中华人民共和国成立后更是在外交战线上担任要职。《我的情报与外交生涯》集纳了熊向晖所撰写的各类回忆文章，其中不乏国民党侵占延安、中美建交、恢复中国在联合国的合法席位等重大历史事件。由于在这些重大事件中，熊向晖绝大多数是事件的当事人和直接参与者，因此，他对这些事件的描述具有极强的史料价值。

如果是作为一名历史学者，那么，这种史料价值本身当然就值得作为参考。但作为一名新闻研究者和从业者，《我的情报与外交生涯》一书还有更为重要的价值——观察以《人民日报》和新华社等媒体在重大历史事件中的角色和作为，尤其是其对中央决策和有效达成目标中所起到的作用。

熊向晖在书中介绍，在打开中美关系之前，毛主席曾委托 4 位老帅详细分析国际形势。陈毅在主持"国际形势座谈"时所作的开场白中就强调，一些单位的调研报告"差不多都是上面怎么说，自己作注脚""这种'二路货'可以不看""要重视第一手材料，《参考资料》（新华社主编的内参）每天两大本，内容很丰富"。除了提供必要的内部信息，《人民日报》和新华社的公开报道还是判断局势变化的重要材料，熊向晖在

书中谈及"局势出现重大变化"时，大量引用《人民日报》以及新华社关于国际动向的最新报道，并将其和外电一起作为重要参考。如引用新华社的报道，"把住在靠近中苏边境的苏联居民赶走，沿边界线建立一条宽达 20 公里的无人地带"，引用《人民日报》的报道，苏联"战略火箭部队""随时准备立即行动""出其不意地进行打击"。

此外，媒体报道虽是判断表层认知和社会情绪的重要窗口，但媒体报道往往具有滞后性和浅表化的特征，在不同时期，可能具有"超前"和"延后"的相反体现。如在 4 位老帅分析国际形势（6 月 7 日到 7 月 10 日）的同时，熊向晖观察了在此期间《人民日报》宣传报道的主要内容，并得出结论，当时《人民日报》"宣传报道造成的印象是：大规模侵华战争迫在眉睫"。这恰恰与 4 位老总的判断相左。这反过来提醒我们，媒体报道是海浪波涛，而实际决策往往是深水潜流，表面的平静和风浪，都有可能掩盖了深层次的脉动。

最后，媒体的报道，尤其是《人民日报》、新华社等权威媒体的报道还是具有"起居注"等性质的可供参照的历史史料。如熊向晖列出了从 1986 年到 1992 年《人民日报》的相关报道作为对 4 位老帅对国际形势的研判，成为打开中美关系前奏的旁证。

以上只是从本书中某些章节引发的点滴思索，事实上，媒体与社会的关系极为复杂，中国媒体由于集"新闻报道"（一般性功能）"战斗武器"（如解放战争期间）"耳目喉舌"（中国的独特功用）等多种角色于一身，更需要回到历史的现场去重新审视和思考。（关于"克尔米尔公主号事件"的叙述来自新华社新闻研究所编《新华社烈士传》）

延伸阅读：

1. 华庆昭：《从雅尔塔到板门店》，北京，中国社会科学出版社，2013。
2. 钱其琛：《外交十记》，北京，世界知识出版社，2003。
3. ［美］尼克松：《领导者》，北京，世界知识出版社，1998。

19.《中国政治》

作者：詹姆斯·R. 汤森、布莱特利·沃马克 著，顾速、董方 译
出版信息：江苏人民出版社，2003 年版

对学习新闻的中国学生来说，"政治家办报"是一句耳熟能详的基本原则。但这短短的五个字，真要解释起来恐怕要颇费一番脑筋。也许我们可以说，中国的新闻工作者，"政治"是第一性的。既然如此，我们就不能不了解"政治"，尤其是不能不了解与西方不同的"中国政治"。

正如书中的"序言"所说，《中国政治》的"首要任务是寻求对中国政治的整体理解"。这种"整体理解"建立在"对于其历史延续性以及 1976 年以后的变化都同样具有敏感性"的基石之上。这就是说，《中国政治》写作的用意在于一种"素描"，它肯定不会涉及中国政治的所有细节，但却会勾勒其中最重要的特征。尤其，当作者们都是一些西方教授，这种勾勒本身就充满了"对比"的意味。

全书共有八个章节，涉及中国政治体制的起源、机构与政策演变、意识形态变革、政治社会化与传播、政府过程等多个方面。在其包罗万象的内容中，最让人感兴趣的是《中国政治》对于"群众路线"等一系列中国政治中的独特概念的分析和界定。

本书认为，所谓"群众路线"，是对"密切联系群众，以便通过有效的领导来动员群众"这一重要革命策略的命名，它（革命的民众主义）在"毛泽东思想的结构特征"中高居首位："他（毛泽东）认为大众参与是实现真正的社会和政治革命的唯一途径，组织起来的群众的支持将无往而不胜。精英统治不仅是不合法的，而且也会由于以少数人为基础而被削弱。"与西方的竞争性的政党政治不同，在中国，"党和其他公共组织不是代表各种各样特殊利益和选民区的政治家的战场。每个干部和党员在促进整个社会的利益时应当了解和关心每一个公民的需要"。

具体而言，在"群众路线"的背后，有"一整套用来实践其原则的方法和制度"，包括"讨论小组、群众运动和集会、代表机构、群众组织、大众传播媒体和强调党的调查研究的领导作用"，所有这些，"都在某种程度上被看作是鼓励表达群众意见和要求的结构"。

这就是说，作为"自 1942 年以来党的政治作用的基本方面"，"群众路线"在中国不仅是一种政治理念，更是具体而细微的政治实践，甚至是一系列制度设计的起源和基础。它反对的是"精英化""官僚化"的倾向，体现了对于"平等"和"参与"的渴求，从而在根本上体现了"人民"在政治过程中的"主人翁"身份——正是由于群众不是决策及执行的局外人，而是参与者，其内心的认同感和自发性才得以被真正激发出来。"群众路线"还使得在中华人民共和国成立后很长一段时间内，"普及"优先于"提高"："他（毛泽东）还鼓励专业领域向群众活动开放，也许最成功的例子是'赤脚

医生'项目，造就了大量农民医务工作者，他们为乡村创造了基本的医疗条件。"想想今天医疗、教育资源的过分集中和某些乱象，无论如何都可以说，"群众路线"至少是抵制走向封闭化的专业主义的某种制约。

从社会结构的层面来说，"群众路线"和中国革命"改变了国家与社会的关系""将自己的影响和积极性扩展到群众层次上，大大加强了它动员社会资源的能力"。这种强大的动员能力，使真正"实现和维护国家独立与统一"成为可能，从而"不仅改变了中国的国际地位，还为朝向其他革命目标进步奠定了一个较好的基础"。而从政治运行的操作层面看，通过各种"群众路线"的方法，高层领导者还可以"对于政治将会如何发展或是基层怎样看待政治的问题"得到更多信息，从而避免"决策者的信息来源主要依靠官僚等级制"所必然带来的负面作用。

除了"群众路线"之外，《中国政治》中还对其他许多我们耳熟能详的概念给予了细致剖析，所有这些"政治概念"正是我们理解中国独特的新闻话语的逻辑起点。只有理解中国政治，才能理解中国新闻。

延伸阅读：

1. 赵汀阳：《坏世界研究：作为第一哲学的政治哲学》，北京，中国人民大学出版社，2009。

2. 王绍光：《民主四讲》，北京，生活·读书·新知三联书店，2014。

3. 强世功：《中国香港：文化与政治的祖野》，北京，生活·读书·新知三联书店，2010。

4. 玛雅：《中国为什么能》，北京，北京联合出版公司，2014。

20.《呼兰河传》

作者：萧红

出版信息：辽宁人民出版社，2014年9月（第1版）

若不是萧红，呼兰河依然默默无闻。千百年来，它从小兴安岭而来，流过哈尔滨市郊的呼兰县（区），成为松花江的一部分。作为一条河流的呼兰河，在萧红的书里，我们只知道它的南岸有成片成片的柳条林子，有许多鸟，寒冷又神秘。而作为萧红故乡的呼兰河（城），则是一本永远等待有人翻阅的厚重的书，这本书似乎承载不了它自身的重量，不断发出寒冰正在断裂的声响。

呼兰河很美，很宁静。"晚饭一过，火烧云就上来了。照得小孩子的脸是红的。把大白狗变成红色的狗了。红公鸡就变成金的了。黑母鸡变成紫檀色的了。喂猪的老头子，往墙根上靠，他笑盈盈地看着他的两只小白猪变成小金猪了，他刚想说，'他妈的，你们也变了……'他的旁边就走来了一个乘凉的人，那人说：'你老人家必要高寿，你老是金胡子了。'""可是天空偏偏又不常常等待那些爱好它的孩子。一会儿工夫火烧云下去了。于是孩子们困倦了，回屋去睡觉了。竟有还没能来得及进屋的，就靠在姐姐的腿上，或者是依在祖母的怀里就睡着了。"

这样的小城，会让今天身在大城市的人多么向往。不仅有美丽的火烧云，呼兰河"在精神上，也还有不少的盛举，如跳大神、唱秧歌、放河灯、野台子戏、四月十八娘娘庙大会……"童年的萧红甚至有一个属于自己的大花园。在那里，"花开了，就像花睡醒了似的；鸟飞了，就像鸟上天了似的；虫子叫了，就像虫子在说话似的。一切都活了。都有无限的本领……只是天空蓝悠悠的，又高又远"。

《呼兰河传》的前半部就是这样的，仿佛一个完美的梦。在梦里，小女孩和她最亲爱的祖父生活在一个童话般的世界里，她调皮地念诗，对着抹了黄泥的鸭子流着口水，玩累了时，"不用枕头，不用席子，把草帽遮在脸上就睡了"。

但这样一个美丽的世界，后半部分似乎是突然出现了极不协调的咏叹——萧红反反复复地低语，"我家是荒凉的"，"我家的院子是很荒凉的"，"我家是荒凉的"，在第四章的四个部分里，这样的开头出现了三次。在这之后，萧红又忍不住感叹："我家的院子是荒凉的，冬天一片白雪，夏天则满院蒿草。"就在萧红咏叹之时，"画风"转瞬大变，小女孩的回忆骤然成了悲歌，跟着小女孩的身影，我们看到了呼兰河深深的苦难。这苦难是这么深、这么沉，我看着它淹没了萧红的头顶，看着它淹没了中国的大地，也看着它和过去一起沉入了静寂的黑暗。当萧红几乎走完了她那传奇的一生，再来寻找儿时的自己时，感受到的或许就是这种"忘却不了，难以忘却"的荒凉。

于是，我们看到了被婆婆虐待得发了疯的团圆媳妇。婆婆说："我也是不愿意狠打她的，打得连喊带叫的，我是为她着想，不打得狠一点，她是不能够中用的。有几回，我是把她吊在大梁上，让她叔公公用皮鞭子狠狠地抽了她几回，打得是有点狠了，打昏过去了……可是立刻就打了鸡蛋清子给她擦上了。"于是，当团圆媳妇在夜里因为挨打做了噩梦而惊呼，婆婆便以为她是见了鬼、着了魔，要给她跳大神，当众给她洗澡，"大神打着鼓，命令她当众脱了衣裳。衣裳她是不肯脱的，她的婆婆抱住了她，还请了几个帮忙的人，就一齐上来，把她的衣裳撕掉了……很快地小团圆媳妇就被抬进大缸里去。大缸里满是热水，是滚熟的热水。她在大缸里边，叫着、跳着，好像她要逃命似的狂喊。她的旁边站着三四个人从缸里搅起热水来往她的头上浇。不一会儿，浇得满脸通红，她再也不能够挣扎了"。这天晚上，为了"怕看热闹的人都要走了"，团圆媳妇"被热水烫了三次，烫一次，昏一次"。

这种残忍的"压迫"来自愚昧、闭塞，也来自贫穷。团圆媳妇的婆婆，为了省下两三吊红花钱，让肿了的手指头从像一个茄子变成小簸箕，因为儿子踏死了一个小鸡仔，就打了儿子3天3夜，打出一场病来。

还有"古怪"的二伯、磨坊的"冯歪嘴子"——《呼兰河传》里没有高高在上的主子，有的却是普通百姓之间相互的伤害和压迫。这让人想起鲁迅先生《狂人日记》里的主人公，从书里看出来的"吃人"正一场接一场地在呼兰河上演着，但呼兰河"一点痕迹也未留下。家家户户都是黑洞洞的，家家户户都睡得沉实实的"。

读着读着，总有一种难以抑制的悲伤席卷着读者，希望自己早一点从这个梦里醒来，早一点从北方的极寒中见到温暖的太阳。

延伸阅读：
1. 沈从文：《边城》，南京，江苏人民出版社，2014。
2. 黄永玉：《无愁河上的浪荡汉子》，北京，人民文学出版社，2016。
3. [吉尔吉斯斯坦] 艾特玛托夫：《白轮船》，力冈译，天津，天津人民出版社，2017。

21.《白鹿原》

作者：陈忠实
出版信息：人民文学出版社，1997年版

当代中国文坛上，《白鹿原》无疑是最知名的文学作品，虽然其历史观、世界观比较陈旧，甚至陈腐。《白鹿原》问世后，有一版"出版推荐"是这么写的：《白鹿原》是一部渭河平原50年变迁的雄奇史诗，一轴中国农村斑斓多彩、触目惊心的长幅画卷。主人公六娶六丧，神秘的序曲预示着不祥。一个家族两代子孙，为争夺白鹿原的统治代代争斗不已，上演了一幕幕惊心动魄的活剧：巧取风水地、恶施美人计、孝子为匪、亲翁杀媳、兄弟相煎、情人反目……大革命、日寇入侵、三年内战，白鹿原翻云覆雨，王旗变幻，家仇国恨交错缠结，冤冤相报代代不已……古老的土地在新生的阵痛中战栗。

小说的知名度除了内涵丰富，也在于其讲故事的魅力。试举两例。

鹿泰恒拄着一根拐杖，平时只有出远门才动这根磨得紫黑光亮的拐杖。老汉走进学校院子大声吆喝："鹿校长哎——鹿校长！"……说着，鹿泰恒从直背椅上就溜下去，扑通一声跪倒在砖地上了。……鹿泰恒老汉跪着不动："你愿意跟我回去我就起来。你不答应不吐核儿的话，我就跪到院子中间去。"鹿兆鹏悲哀地叹一口气："爷呀你起来。我跟你回去。"……进入白鹿镇，鹿泰恒突然吆喝起来："行人回避！肃静！鹿校长鹿大人鹿兆鹏驾到——"鹿兆鹏不知所措地奔前两步抓住爷爷的手杖："爷呀你让我明日怎么见人？"……走进自家门楼，鹿泰恒仍然大声吆喝："咱们的校长回来咧！子霖哇！我把你当官的儿子求拜回来了，欢迎啊！"鹿子霖和女人走到院子里，新媳妇也走出厢房来。兆鹏尴尬不堪地站在众人面前。鹿泰恒站在院庭中间，猛然转回身抡起拐杖，只一下就把鹿兆鹏打得跌翻在地上，半天爬不起来。鹿泰恒这才用他素有的冷峻口气说："真个还由了你了？"

再看一例。

何县长：卑职决心在滋水县推进民主政治，彻底根除封建弊政。……组建本县第一届参议会，监督政府，传达民众意见。

白嘉轩听不明白，什么民主、什么封建、什么政治、什么民众、什么意见……

何县长似乎意识到这一点：一句话，就是要黎民百姓管理朝政，不是县长说了算，而是百姓说了算。

2016年4月，陈忠实因病去世。整整30年前的1986年4月，陈忠实趟过冰冷的灞河坐上公共汽车前往陕西蓝田搜集写作资料，两年后开始《白鹿原》的写作。

虽然此时他已经出版了几本中短篇小说集，但他说：我要给我死的时候做一部垫棺作枕的书。

《白鹿原》做到了。

延伸阅读：

1. 张承志：《心灵史》，广州：花城出版社，1991。
2. 路遥：《平凡的世界》，北京：人民文学出版社，1990。
3. 韩少功：《马桥词典》，北京：作家出版社，1996。
4. 格非：《人面桃花》，沈阳，春风文艺出版社，2004。
5. 张炜：《古船》，北京：人民文学出版社，1987。
6. 铁凝：《笨花》，北京：人民文学出版社，2006。
7. 刘亮程：《凿空》，北京，作家出版社，2010。

22. 《北大文学讲堂》

作者：温儒敏、姜涛 编

出版信息：中央编译出版社，2005 年版

    《北大文学讲堂》汇集的 15 篇讲稿，就是由 2002 年秋冬季一个学期的讲课录音整理而成，内容涉及鲁迅、周作人、茅盾、沈从文、钱钟书、穆旦、张爱玲、汪曾祺、王蒙、海子等经典作家；授课教师的阵容也十分强大，可以说是北大中文系中国现当代文学专业名师的一次集体亮相，其中既有退休的著名教授，如严家炎、乐黛云、钱理群、孙玉石、洪子诚，又有温儒敏、陈平原、韩毓海、孔庆东、王风等中青年学人。

    每人虽然只讲一次，但根据各自的专长，选择最拿手的题目，展示出研究的精华。一方面，淡化专业界限、注重原典讲解的定位，适合于一般文学爱好者的求知需要；另一方面，也为大家提供与众多名家近距离接触的机会。

    如谈鲁迅的 3 篇，严家炎从审美角度谈《铸剑》中荒诞与庄严的复仇；钱理群用生命际遇谈《野草》的哲学与想象；王风细读文本谈《女吊》。他们方法各异，但得出的结论却悬殊不远——鲁迅复仇的哲学和决绝的人生姿态，启示我们勇敢面对现实，清醒地透视人生。

    至于乐黛云在中西文化比较的背景上谈茅盾的《蚀》与《子夜》；孙玉石从艺术结构上谈穆旦的《诗八首》；洪子诚谈北岛的诗；陈平原讲北京从周作人、郁达夫、张恨水的文章入手；曹文轩谈汪曾祺的小说，抓住地域性概念条分缕析；温儒敏论《围城》从结构主义分层理解；孔庆东讲《说笑》风趣幽默；韩毓海从"海上花"说起，将韩邦庆、张爱玲、王安忆、康德、尼采、弗洛伊德纵横其中；张颐武借王蒙《活动变人形》反思"现代的中国和中国人"等，无不各擅胜场摇曳生姿，令人心旷神怡。

    《北大文学讲堂》可以引领我们在红红绿绿的当代写作中回到经典，巡游现代文学的百年经典。

延伸阅读：

1. 李六如：《六十年的变迁》，北京，人民文学出版社，2005。
2. 柳青：《创业史》，北京，人民文学出版社，2005。
3. 浩然：《艳阳天》，北京，人民文学出版社，2005。

23. 《西方哲学史》

作者：罗素 著，何兆武、李约瑟 译
出版信息：商务印书馆，2015 年版

1945 年出版的《西方哲学史》是罗素应巴恩斯艺术基金会邀请讲授西方哲学史所作的讲稿，全称是《西方哲学史及其与从古代到现代的政治、社会情况的联系》，它全面考察了从古希腊罗马时期到 20 世纪中叶西方哲学思潮的发展历程。

这本书兼具哲学内容与文学色彩，旁征博引又鲜活生动，读起来富有人情味，把许多人大为头疼的抽象思辨转化为优美流畅的文字。出版至今不仅成为享誉世界的哲学教科书，还成了所有哲学爱好者的最佳读本。

在《西方哲学史》书中，罗素将哲学看作某种介乎神学和科学之间的东西，他认为哲学"和神学一样，包含着人类对于那些迄今仍为确切知识所不能肯定的失误的思考；但是它又像科学一样是诉之于人类的理性而不是诉之于权威的，不管是传统的权威还是启示的权威"。基于对哲学的这种理解，他认为西方哲学在发展过程中始终受到科学和宗教两方面的影响，并据此把西方哲学发展史划分为古代哲学、天主教哲学和近代哲学三个时期，并强调科学与宗教、社会团结和个人自由是如何错综复杂地交织在一起与哲学交互作用的。

罗素对历史和历史理论终生嗜之不倦，在这部书中他也十分强调历史对于哲学的意义。他认为哲学不是卓越的个人所作的独立思考，而是社会政治生活的一个组成部分，是"各种社会性格的产物与成因"。作者把哲学家既看作果，也视为因，"人们生活的环境在决定他们的哲学上起着很大的作用，然而反过来他们的哲学又在决定他们的环境上起着很大的作用"。哲学家们既是他们时代的社会环境和政治制度的结果，也可能是塑造后来时代的政治制度信仰的原因。

凭借渊博的历史知识与极高的历史素养，罗素在介绍哲学思想中加入了许多历史分析，在很多章节前还插入了不少纯粹社会史性质的篇章，例如，在叙述"斯多葛派"和"伊壁鸠鲁派"时加入关于希腊化时代的知识；为更清晰介绍经院哲学，他以专门的几个章节介绍了中世纪史及基督教发展的知识。罗素在评价任何一位哲学家时，都尽可能将其置于当时所处的时代背景中，充分表现出他的哲学与作为他的哲学的原因的社会价值观念。借用他本人的说法：对哲学家有同情的理解，是站在历史学家的角度对哲学家所应有的同情的理解。

作为哲学家的罗素在书中体现的对知识的怀疑精神以及对哲学公正的态度令人钦佩，对于哲学本身的理解，他永远站在一个人本主义者的立场，不偏不倚；作为文学家的罗素，行文晓畅、言辞优美，化苦涩的抽象思辨为平易近人的流畅文字。出身数学家的罗素思维清晰，条理严谨，对哲学研究也像对待科学一样认真，不仅有天马行空的大胆设想，更有一丝不苟的精细论证。这部兼具哲学美、文学美与数学美的佳作，确实为哲学史著作中永远的一颗明星。

延伸阅读：

1. ［古希腊］柏拉图：《理想国》，郭斌、张竹明译，北京，商务印书馆，1986。

2. 冯友兰：《中国哲学史》，上海，华东师范大学出版社，2011。

3. ［德］叔本华：《意志与表象的世界》，［英］哈德恩英译，沈阳，辽宁人民出版社，2016。

4. 朱光潜：《文艺心理学》，上海，华东师范大学出版社，2015。

24.《理想的冲突》

作者：宾克莱 著，马元德 等译
出版信息：商务印书馆，1983 年

本书是一部评述现代西方哲学、社会思潮和伦理思想的著作，由美国富兰克林马歇尔学院哲学系教授兼系主任宾客莱撰写。该书是作为当时美国大学关于思想史或现代西方文明等课程的教材而写作出版的，是一本了解西方现代思潮与文化的入门书。

全书共分七章，每一章都对有关思想流派的基本哲学作了阐述，并且提出一些评价。作者在回顾 20 世纪前期，相对主义和实用主义对西方社会道德观点的影响之后，着重阐述了 70 年代以前对西方世界有较大影响的马克思主义、精神分析的人本主义、存在主义及其人道主义和新基督教神学等哲学社会思潮及其代表人物，如马克思、弗洛伊德、尼采、萨特等，并结合对西方社会中变化着的价值观念的研究，分析了资本主义世界各种对立的人生理想之间的冲突。

20 世纪以来，西方社会的价值观念发生了很大的变化，相对主义和实用主义成为人们的愿望和选择的主要根据。在所谓的爵士音乐时代的 20 年代中，过去各种宗教式的笃信被现代性溶解，基督教的道德约束力似乎只有在其训条与资产阶级个人主义不相冲突的条件下才是存在的。

实用主义的代表人物有两个：一个是威廉·詹姆士，一个是约翰·杜威。他们特别强调要超越传统意义、特别是利己主义意义上的个人主义，强调个人与社会之间的协调和人的实践与行动的社会性。宾克莱评价道："杜威的哲学代表了 20 世纪早期的美国舆论。他坚持说，绝对的道德规则或道德原理是不存在的，任何特定的道德原则只不过是需要一次又一次地加以检验的一种假设。如果一个道德规则不适合我们所面临的新经验，那么我们就必须采取最好的行动来对付这些独特情况的问题，作出自己的决定。"

杜威坚持对每个道德境况要有独特主张的实用主义方法，一直作为美国人的行为方式延续至今。对此，作者对实用主义作过精辟的论述。他说："美国人常常被称为注重实际的人民。他们希望把事情做成；他们关心一样东西或一种理论有无用处的问题胜似关心有关人生终极意义的比较理论性的问题。"

作者的介绍提供了丰富的关于现代西方哲学、社会思潮和伦理学的重要资料，对分析和研究现代西方伦理学有很大参考价值。

延伸阅读：

1. 朱立元主编：《当代西方文艺理论》，上海，华东师范大学出版社，2005。
2. ［英］麦基：《思想家》，周穗明等译，北京，生活·读书·新知三联书店，2004。

25. 《万物简史》

作者：比尔·布莱森 著，严维明、陈邕 译
出版信息：接力出版社，2005 年版

  《万物简史》是一部有关现代科学发展史的既通俗易懂又引人入胜的书，作者用清晰明了、幽默风趣的笔法，将宇宙大爆炸到人类文明发展进程中所发生的繁多妙趣横生的故事一一收入笔下。

  2003 年该书列名《纽约时报》年度最佳图书，随后入围 2004 年度英国非虚构类图书大奖——"塞缪尔·约翰逊奖"，2004 年 6 月该书夺得由英国皇家学会颁发的科普图书大奖——"安万特奖"，该奖此前的获得者包括著名的物理学家霍金和生物学家古尔德。可以说，《万物简史》获得了媒体、科学界和普通读者的高度好评。

  作者并非专门从事科学研究，在一次飞越太平洋的长途旅行中，望向舷窗外时突然产生了对自己长期置身其中的世界的不了解与不确定，从而引发了他对科学的高度兴趣。于是，他"花了三年时间读书看报，寻访很有耐心、德高望重、愿意回答许多无人吭声的特别问题的专家""在不大专门或不需要很多知识的，而又完全是很肤浅的层面上"理解和领会了科学的奇迹和成就并付诸笔端。

  从内容上看，本书对最小的夸克到最大的星系，以及两者之间所有的层面都进行了清晰的解释和描述。其中涉及宇宙学、地质学、物理学、化学、生物学、植物学等众多的学科领域，既回顾了科学史上那些伟大和奇妙的时刻，又引用了近年来发现的科学史料，并独具匠心地把事件和故事穿插在一起，使内容不再生涩和干枯，使读者在书中处处可以领略科学的神奇。

  本书最大的特点、也是最吸引人的地方，在于作者巧妙的构思以及风趣幽默、形象易懂的语言。在提到超出常识的微观世界时，他描述道："原子很小，50 万个原子排成一行还遮不住一根人的头发。……只要记住，一个原子对于 1 毫米的线，相当于一张纸的厚度对于纽约帝国大厦的高度，它的大小你就有了个大致的概念。"作者善于将很多无法直接表达的内容以形象类比化为直观、易想象、易理解的事物呈现在了读者面前，在其充满魔力的文字下，一些原本枯燥的知识变得具有超乎寻常的吸引力。

  书中介绍 1815 年印尼坦博拉火山大喷发带来的种种影响正是如此。这次大喷发影响到次年的很多区域和众多行业：瑞士爆发严重饥荒、法国葡萄园歉收、爱尔兰农作物受到伤害，英国政府因这一年的食品短缺取消了所得税。不仅如此，全球许多地区的气候也因此改变，夏季的温度普遍有所下降，造成所谓的"无夏之年"。中国当时是清朝的道光年间，长江流域由于季风季节被扰乱而发生大洪水；爱尔兰的夏季下了 142 天的冷雨。恶劣的潮湿天气导致几年后的流行性斑疹伤寒爆发，匈牙利和意大利

冬春季节分别下了棕色的雪和黄色的雪，倾盆大雨把孟加拉的霍乱传到了遥远的莫斯科，并最终造成在欧洲的流行。这次火山喷发甚至造成了贸易争端，加拿大食品短缺导致两家食品公司的冲突，死亡 24 人。在德国，为节约喂马的饲料，贵族卡尔-德莱斯发明了 draisine——自行车的前身。1816 年，后人猜想那时因火山喷发造成的昏暗景象给了拜伦灵感，他写了一首名为《黑暗》的诗："耀眼的太阳熄灭了/而星星仍在空中/四处闲逛……"

延伸阅读：

1. 江晓原：《科学外史》，上海，复旦大学出版社，2013。

2. ［英］史蒂芬·霍金：《时间简史》，许明贤、吴忠超译，长沙，湖南科学技术出版社，2014。

3. 吴国盛：《科学的历程》，北京，北京大学出版社，2002。

26. 《西方政治思想史》

作者：约翰·麦克里兰 著，彭淮栋 译
出版信息：海南出版社，2003 年版

　　本书的主旨思想，一言以蔽之就是：在西方是否存在一种依照理想的政治思想组织起来的理想的人民，并由这些人民最终建立起一套理想的政治制度。对于这个问题，麦克里兰给出了自己明确的答案：继承了盎格鲁思想文化传统的人民依照罗马帝国的典范创立的美国政府，就是当下西方最为理想的政治制度。

　　麦克里兰虽然依次赘述了影响西方社会政治制度的诸种重要思想：城邦思想、帝国思想、社会契约论、启蒙运动、自由主义、民族主义……但毫无疑问，他关注的焦点始终停留在政府权力与民众权力的协调与制衡上。换言之，这是一种典型的目的论似的叙史方式，任何一种政治思想，只要能够实现权力之间的相互制衡，就是值得推崇和发扬的思想。

　　在这一思想的指导下，麦克里兰对古罗马共和国的青睐便完全可以理解了。他说："最好的君主政体，后来都不免腐坏，严于自我纪律的贵族逐渐退化成唯财富是逐的寡头集团，民主则每每终于暴民统治。罗马很幸运，因为在共和制的政府里，各阶层往往抵消彼此的恶质，只留下好的一面。人民抑制贵族天生的倨傲，元老院抑制人民天生的动乱倾向，最后，执政官任期一年，使执政官们时时记得他们是不能久居其位的君主。"而在麦克里兰看来，美国显然是当今西方世界与古罗马共和国最为接近——美国既拥有一个强大的中央政府，同时也基本做到了权力之间的相互制衡。唯有如此，美国才能做到对内民主，平衡国内各方势力，同时举全国之力推行强硬的对外政策，以维护美国的国家利益。这是一种唯心史观地想当然，与历史事实是相距甚远，对此需有批判意识。

　　不过，除上述系统性的致命缺陷，本书最具魅力之处还在于其对从古至今西方社会几乎所有重要的政治思潮作出了富有启发性的点评。从柏拉图的《理想国》到西塞罗的《论国家》；从托马斯·阿奎那的神学思想到马基雅维利的权谋论；从霍布斯、洛克和卢梭的社会契约论到启蒙运动后风起云涌的各种"主义"，无不被纳入考察和评析的范畴。

延伸阅读：

1. ［美］塞缪尔·亨廷顿著：《文明的冲突》，周琪译，北京，新华出版社，2013。
2. ［美］蔡美尔：《起火的世界》，北京，中国政法大学出版社，2017。
3. 王绍光：《民主四讲》，北京，生活·读书·新知三联书店，2014。

27.《全球通史》

作者：斯塔夫里阿诺斯 著，吴象婴、梁赤民 译
出版信息：上海社会科学院出版社，1999 年版

这本《全球通史》无疑是全球史观最重要的代表作。其主旨在于将历史叙事和评价的立足点置于整个人类社会的共同视野，尤其要打破拥有深厚历史根基的欧洲中心主义。在全球史观下，世界史是一个相互联系与沟通的总体，而不同文化只有出现早晚与影响力强弱的差别，并没有高低优劣之分。

英国当代历史学家杰弗里·巴勒克拉夫（Geoffrey Barraclough）对本书的评价是："近年来，在用全球观点或包含全球内容重新进行世界史写作的尝试中，最有推动作用的那些著作恰恰是由历史学家个人单独完成的，其中以斯塔夫里阿诺斯的《全球通史》最为著名。"借鉴汤因比的"文明模式论"，本书尝试以文明而非民族与主权国家的发展演变为线索赋予全球史一种新的视野。在斯塔夫里阿诺斯看来，是文化的融合与冲突导致了历史的发展与兴衰：古代文明起源于美索不达米亚，除中国文明以外，尼罗河与印度河文明都是在美索不达米亚向外传播的影响下发展起来的，而希腊化时代的历史意义在于它打破了历史上形成的东西方各自独立的模式，使其汇为一流。

这种历史观自 20 世纪 50 年代开始，给西方主流史学界带来了令人耳目一新的变化，却也并未能彻底实现其最初的目标：破除历史研究领域的欧洲中心主义。斯塔夫里阿诺斯对亚洲文明的理解不但呈现出了西方中心主义常有的一些偏见，而且在叙事中也颇有一些逻辑错误。比如，他将中国女性缠足的传统追溯到了商朝；称道教是"未受过教育的群众的宗教"；甚至声称三国的形成是汉帝国被突厥—蒙古入侵者打败的产物。这些谬误或许可以被归结为细节错误，但它实际上折射出所谓的"全球史观"在基因中存在的一个问题——过于重视"关联"而轻视了历史得以成为历史的最重要的基础，那就是对事实确凿无疑的考证和呈现。

尽管如此，《全球通史》对于我们认识世界史来说，仍然有巨大的价值。它告诉我们，人类文明是在相互的交缠中共同前行的，任何一种文明中的一个微小的变故都有可能引发蝴蝶效应，从而形成历史的洪流。斯塔夫里阿诺斯尤其重视传统史学极为忽视的一个社会要素——技术——对历史的推动力。他说："问题的关键是在从技术变革的产生到允许其大规模发挥效用所必需的社会变革的出现之间存在着一个时间差……人类作为一个种群所面临的问题就是，如何解决自身知识的不断增长与如何运用这些知识的智慧相对滞后之间的矛盾。"这种颇具技术决定论色彩的论断，让人很难不想到哈罗德·伊尼斯的《帝国与传播》。

延伸阅读：

1. ［美］韦尔斯：《世界史纲》，吴文藻等译，桂林，广西师范大学出版社，2001。

2. ［乌拉圭］加莱亚诺：《镜子：照出你看不见的世界史》，桂林，广西师范大学出版社，2013。

3. ［墨西哥］波尔蒂利亚：《战败者见闻录》，孙家堃译，北京，商务印书馆，2017。

28.《第三帝国的兴亡》

作者：威廉·夏伊勒 著，董乐山 等译

出版信息：世界知识出版社，1996 年版

本书作者并不是一位科班历史学家，而是一位新闻记者。

本书不仅翔实而生动地叙述了纳粹德国的兴衰历史，而且深刻揭示了一个理应得到人们批判性反思的逻辑，那就是民主和独裁之间究竟是不是像人们所期许的那样泾渭分明？具体到第三帝国这个案例中，对于通过合法程序获得最高权力的政治领袖他所犯下的罪行究竟应当算是谁的罪行？希特勒的上台得到了超过 80％的德国民众的支持，支持者包括大地主和大资产阶级、军队、保守主义者、知识分子和工人阶级等几乎全部的社会阶层。那么，希特勒及其纳粹主义的罪恶究竟应当如何清算、对谁清算？这无疑是现代民主制度一道无法弥补的裂痕。

以不同的视角来看待历史，往往能让我们得到意想不到的收获。如果我们暂时抛却头脑中对当下的"正统"与"正义"的沉迷，褪去这场世界大战身上的那些人工附加的外衣，便会自然而然地将关注点集中在一个问题上：如果一个思想极度扭曲的希特勒的出现是历史的巧合的话，那么他把一场灾难以这样极端的方式降临给世界，这是否还是一种令人笑不出来的偶然？如果我们不能确保人类社会所奉行的、普遍被视为正确和实用的制度能够杜绝战争疯子和偏执症患者坐上最高领袖的位子，那么我们又该如何对产生了这些制度的那些思想和传统进行反思，甚至改造？

本书出版以来受到的大量史学专业人士的批评和诟病大体上是公正的。作为美国哥伦比亚广播公司一名驻外新闻记者，夏伊勒对纳粹历史的阐释有太多可以指摘的地方，但其雄浑壮美的文笔和对一手史料——尤其是来自德国的秘密档案——的掌握还是使得此书成为了解纳粹历史最佳的入门读物。它的独特价值既指向史料自身，也指向史料背后所隐藏的那个令人毛骨悚然的逻辑。这种逻辑在今天极"右翼"政治势力相继在欧美政坛登场的情形下，尤其显得惊心动魄。

当然，你也可以将这部书当作希特勒的传记来读，因为比起对战争的描述，作者显然更愿意去挖掘这位臭名昭著的独裁者的精神世界。在《第三帝国的兴亡》中我们可能会看到一位虽邪恶，却有着十足魅力的希特勒。可越是如此，当我们将其与正史对照来读的时候，便越会觉得惊怖。

延伸阅读：

1. ［美］芭芭拉·塔奇曼：《八月炮火》，张岱云等译，北京，新星出版社，2005。

2. ［美］戴维·贝尔加米尼：《日本天皇的阴谋》，张震久等译，北京，商务印书馆，1984。

29.《光荣与梦想》

作者：威廉·曼彻斯特 著，广东外国语学院美英问题研究室翻译组 译
出版信息：海南出版社、三环出版社，2004 年版

　　毫不夸张地说，本书影响了中国的一代新闻工作者。在 20 世纪 80 年代，有没有读过《光荣与梦想》完全可以成为一位新闻工作者职业生涯的转折点。曼彻斯特以新闻记者特有的敏锐和质朴，全景式地记录了一个时代的真实影像，精确还原了 1932—1972 年这 40 年间美国社会变迁的风貌，其笔触几乎囊括了构成社会历史的所有重要话题：政治的、经济的、军事的、社会的、艺术的、科学的、时尚的、娱乐的……

　　尽管本书以美国总统的更选为叙事主线，但对大多数中国读者来说，作者对各个时期美国国内的政治、经济、文化和社会侧面细致生动的描写，才是更具吸引力的内容。"猪湾事件""越南战争""古巴导弹危机""反共斗士""马丁·路德金引发人权运动""金西教授的报告""黑人居住区哈莱姆的形成""退伍军人问题""冷战观点的流行""中国的崛起和威胁""水门事件"……这些牵动美国社会乃至国际社会的焦点性事件在新闻记者曼彻斯特笔下绝不仅仅是冰冷干涩的事实，而是被倾注了充沛的情感与价值力量。

　　当然，最值得称道的还是本书在叙事和陈述上的力量。记者曼彻斯特描写场景之恢宏、情节之紧凑生动、文笔之玄妙幽默，完全可以令人产生身临其境的错觉。例如，本书对罗斯福新政的描绘便可以"惊心动魄"来形容，不但跌宕起伏，而且饶有情趣。在其"百日新政"中，罗斯福展现了过人的精力，他在新政的 100 天里通过了 13 个重要的法案，还发表了 10 次重要的施政演说，向国会提出了 15 篇咨文……这些看似机械麻木的动作和数据，在曼彻斯特笔下成为环环相扣的逻辑链条，并共同指向了人们对当时的美国社会现状的理解。在以往几乎所有的历史教科书中，罗斯福总统的成就都来自于他坚忍的意志与脆弱的肉体之间的"冲突"。但是曼彻斯特却丝毫未曾提及罗斯福的身体缺陷。也正因此，在很多人的眼中，曼彻斯特有明显的个人倾向，他在文字中毫不掩饰对罗斯福和肯尼迪的情感，而对其他总统则极尽刻薄之能事。

　　正如一位评论人所说："某种程度上，曼彻斯特相似于巴尔扎克，他们都非正规教育出身，却同样雄心勃勃，以罕见的创造力与不无粗糙的活力改变了文化传统，一个试图在自己的作品中装入 19 世纪初的整个巴黎，另一个则想展现我们正在进行的时代中的每一个细节。在本质意义上，曼彻斯特从未对历史有何兴趣，他真正喜欢的是戏剧，他力图用一种最戏剧化的方式来描写真实的历史。"曼彻斯特或许无法登上人类历史上伟大作家的辉煌殿堂，却也用一种耀眼的方式彰显了新闻的力量，以及这种力量对那些我们习以为常的叙事模式的颠覆和改造。《光荣与梦想》告诉我们，对于历

史的记录和阐释不仅需要据有大量资料，更要求记录者和阐释者拥有深刻而细腻的洞察力、强大而鲜明的创作立场，以及游刃有余的文笔。只有符合这些条件的叙述者才能真正"盘活"历史，让历史走进更多人的生命。而这项工作，只有那些卓越的新闻记者才能完成。

延伸阅读：

1. 韬奋：《萍踪忆语》，北京，作家出版社，2000。
2. 杨刚：《美国札记》，长沙，湖南人民出版社，1983。

30.《堂吉诃德》

作者：塞万提斯 著，董燕生 译
出版信息：长江文艺出版社，2011 年版

《堂吉诃德》的伟大与不朽，既在于它的文学与叙事力量，也在于它的符号与象征力量。一如陀思妥耶夫斯基所说："全世界没有比这更深刻、更有力的作品了。这是目前人类思想产生的最新、最伟大的文字，这是人所能表现出的最悲苦的讥讽。到了地球的尽头，人们会被这样询问：'你们可明白了你们在地球上的生活吗？你们怎样总结这一生呢？'那时人们便可以默默地递过《堂吉诃德》去，说'这就是我给生活作的总结，你难道能因为这个责备我吗？'"

塞万提斯——这位一生穷困潦倒的西班牙作家——创作《堂吉诃德》的初衷，其实只是为了对当时流行的骑士小说进行讽刺和颠覆，但这部小说所包孕的内涵大大超越了当时的时代所能容纳的限度。16 世纪末 17 世纪初的西班牙仍然处于封建时代，而其他西欧国家已经在文艺复兴的曙光中开创了新的时代。于是，堂吉诃德就不仅仅是一个"反骑士"的骑士，而成了对于即将到来的新的时代以及这个时代中蕴含的种种新精神——自由、平等、解放——的呼唤。

更主要的是，堂吉诃德最终成为欧洲文学史上对于"理想主义"这一永恒母题的终极象征。"谁能想象一个像你这样年老体衰的人还要去冲锋陷阵？因为我还能梦想"。这是《堂吉诃德》电影里的一段台词。梦想万岁！没有梦想的人从来也不曾年轻过。正如堂吉诃德所说："我们的精神力量还在，年龄又奈我何？"他不相信骑士的时代已经过去，而坚持用骑士阶层的种种信条来指导自己的行为。他以自己的身体和信念去对抗表面真实、实际虚假的现实世界，而他身上所具备的那些品质，如真诚、正直、爱国、单纯、忠贞……永远都是世人反省社会、生活与自我的镜子。

在这个意义上，《堂吉诃德》就是全世界理想主义者的赞歌，尽管他们可能因缺少运气和行动力而黯然失败，尽管他们可能直到生命终结的时候才真正看清世界的本来面貌。但理想始终存在于每一个人的心里，因而，每一个人都或多或少是堂吉诃德。

延伸阅读：

[苏] 高尔基：《童年》《在人间》《我的大学》（精装版），北京，人民文学出版社，2015。

31.《百年孤独》

作者：加西亚·马尔克斯 著，范晔 译
出版信息：南海出版公司，2011年版

1967年，哥伦比亚"左翼"记者加西亚·马尔克斯的长篇小说《百年孤独》横空出世，成为拉丁美洲"魔幻现实主义"的代表之作，在世界上享有盛誉，并在1982年荣获诺贝尔文学奖。瑞典皇家学院的颁奖理由是："像其他重要的拉丁美洲作家一样，马尔克斯永远为弱小贫穷者请命而反抗内部的压迫与外来的剥削。"小说描述了布恩迪亚家族7代人的传奇故事，以及加勒比海沿岸小镇马康多的百年兴衰，以奇异的手法，融入神话传说、民间故事、宗教典故等神秘元素，巧妙融合了真实与虚幻、历史与现实，展现了一个瑰丽的、奇异的世界，反映了殖民、独裁、斗争和流血以及拉丁民族普通人的生活变迁，浓缩了拉丁美洲的百年沧桑历史，在滚滚向前的全球现代化进程的车轮中，赫然碾压出拉丁美洲被遗忘和孤独的主题。

《百年孤独》中的拉丁美洲历史有其内在模式，被认为是"拉丁美洲人民创造来理解自己文化"的作品，几乎所有中国读者尤其是中国作家阅读时共同的感觉是——震撼，并且这种震撼顽固地、绵长地影响到了中国作家的实际创作。

因作品风格类似，而被喻为"中国的马尔克斯"的诺贝尔奖得主莫言便是其中一例。莫言在20世纪80年代读到《百年孤独》时第一感觉是震撼——原来小说可以这样写。紧接着感觉到遗憾：为什么早不知道小说可以这样写呢？这种魔幻现实主义的手法犹如一层纸，一旦捅破很容易被第三世界的作家模仿，因为在中国作家的农村经验和记忆里，类似于《百年孤独》里面很多的细节描写比比皆是。莫言从马尔克斯的文学里面获得了很多滋养，并浇灌到自己的作品中去。

陆续介绍到中国来的拉丁美洲作家的作品，同属魔幻现实主义的就有一二十部，中国大陆也崛起了一批模仿这一写作风格的作家。为什么魔幻现实主义往往集中在第三世界，特别是亚非拉有很多作家觉得魔幻现实主义笔下那个亦真亦幻的世界就是我们的故事？而当中国作家读到法国意识流文学大师普鲁斯特的作品时，就不会有这种亲和感和熟悉感。

莫言的解释可以为我们提供一种参照：因为我们这些第三世界国家的社会和历史以及文化背景跟拉美国家很相似，历史经验相似，我们的个人经验也相似。这本书的问世激活了我们的记忆，使我们发现自己遗忘的或者自己忽略的，或者本来是宝贝但却被我们把它当垃圾扔掉的这部分库存。马尔克斯使我们发现了自己。还有一点给第三世界作家启示的是，马尔克斯当初在写作的时候，意识到自己国家和民族相对于纯正的西方文学而言具有异国情调的元素，这些元素是文学作品中得以大放异彩的神秘和新奇。不过，这又有陷入东方主义泥淖的危险，第三世界作家展示那些令西方人感到稀奇的神秘、隐秘、幽暗和怪异时，有意或无意地去迎合西方读者的期望和西方文学评论家的胃口，正因为如此，也常以"后殖民主义"而遭到诟病，而这也正是第三世界艺术家所要时刻警惕的！

延伸阅读：

1. [哥伦比亚] 马尔克斯：《霍乱时期的爱情》，杨玲译，海口，南海出版公司，2015。
2. [埃及] 马哈富兹：《宫间街》，朱凯等译，长沙，湖南人民出版社，1986。
3. [日] 夏目漱石：《我是猫》，曹曼译，杭州，浙江文艺出版社，2015。

32. 《悲惨世界》

作者：雨果 著，李丹、方于 译
出版信息：人民文学出版社，1992 年版

19 世纪前期法国浪漫主义文学运动领袖作家雨果，基于他自身经历的 19 世纪法国一切重大事变，完成了一部伟大的史诗性质的长篇小说《悲惨世界》，建造了一座体现悲剧和崇高的美学风格之史诗高峰，在人类文学史、历史和哲学史上闪耀着历久弥新的熠熠光辉。

小说主人公冉阿让的故事及其背景，起始于 1789 年法国资产阶级革命开辟的历史时期，历经了阶级斗争严酷的 1793 年大革命高潮年代、拿破仑滑铁卢战场失败、1830 年的革命、"七月王朝"时期、1832 年巴黎人民起义等将近半个世纪的历史，冉阿让丰富曲折的个人命运起伏与波澜起伏的社会生活画卷交织在一起。雨果以其自觉的历史学家和哲学家的意识，通过主人公冉阿让具有传奇色彩和惊心动魄的人生经历，写出了 18 世纪末 19 世纪上半期法国资产阶级革命迂回曲折、跌宕起伏的历史巨变。因此可以说，《悲惨世界》既是一部小说中主人公冉阿让的个人史诗，也是一部法国资产阶级革命史诗。

冉阿让的史诗在他向资产阶级社会强加在他头上的厄运、向不断迫害他的资产阶级法律作斗争的过程中可歌可泣地展开，他的每一个惊险遭遇、每一段传奇故事，都是在向压在他头上的社会机器和编织得密密麻麻的法律之网的撕裂和抗争！雨果描绘冉阿让的个人抗争史，应和着他对 1832 年人民革命运动与起义斗争的讴歌。"七月王朝"这一重大历史事件中，人民对君主政体的不满、对共和主义的向往、在战斗中的英勇牺牲……雨果赋予这些场景和人物以壮丽的色彩、细腻的描述及热情的讴歌，犹如贝多芬第五交响乐紧张、高亢且气势恢宏的基调，突破了主观且浪漫的人道主义局限，富有了社会历史实践论的活力——民主主义革命的理想和激情。

小说中描绘了这样一个充满崇高美学意味的场景：共和主义英雄人物安灼拉在街垒上发表演讲说："公民们，19 世纪是伟大的，但 20 世纪将是幸福的，那时就没有与旧历史相似的东西了……人们不用再害怕灾荒、剥削，或因穷困而卖身，或因失业而遭难，不再有断头台、杀戮和战争以及不计其数的事变中所遭到的意外情况。"时至 21 世纪的今天，革命者所要消除的"与旧历史相似的东西"仍然阴魂不散，甚至在某些国家和地区大行其道。

我们该反思什么？我们该重新思考什么？我们该树立怎样的人类美好理想以及怎样的社会历史实践？带着这些问题，走入《悲惨世界》的史诗世界，也许会寻找到某些答案。

延伸阅读：

1. ［法］加缪：《鼠疫》，丁剑译，北京，新星出版社，2013。
2. ［苏］肖洛霍夫：《静静的顿河》，金人译，北京，人民文学出版社，1988。

33.《以自由看待发展》

作者：阿马蒂亚·森 著，任赜、于真 译
出版信息：中国人民大学出版社，2013 年版

被誉为"经济学良心""穷人的经济学家"的阿马蒂亚·森（Amartya Sen）成为 1998 年诺贝尔经济学奖得主，他的思想远超经济学界，"对发展的理论和实践产生了革命性的影响"。按照他的理论框架，联合国设计且发布了《人类发展报告》。

何为发展？狭隘的发展观包括 GDP/GNP 增长、个人收入提高、工业化进程加速、技术进步、城市化进程和生活条件改善等。而阿马蒂亚·森于 1999 年出版的《以自由看待发展》（*Development as Freedom*），聚焦于人类自由，提供了一种全新的发展观。自由，几乎是所有哲学家毕生孜孜以求的永恒命题，是人类生活和存在的最高境界，正如马克思所言的"达到自由而自觉"的终极状态。20 世纪 80 年代以来，新自由主义思潮主宰了全球发展的思路和格局，效率成为经济发展领域乃至整个人类发展领域的关键词。

为什么要把自由和发展联系起来？阿马蒂亚·森直言当前的现实情况是："尽管就总体而言，当代世界达到了前所未有的丰裕，但它还远远没有为为数众多——也许甚至是大多数——的人们提供初步的自由。"正因现实如此，自由更需格外重视，应被视为发展过程中的中心地位：对发展的评判必须以人们拥有的自由是否得到增进为首要标准，这时自由成为发展的重要部分和目的；同时，发展的实现全面取决于人们自由、自主的主体地位，这时自由成为促进发展的重要工具和动力。基于此，"以自由看待发展"（更确切的翻译，应该是"发展，作为自由"）指出了自由和发展两者之间的关系是：自由既是发展的建构性部分（例如，政治参与的自由，或者接受基本教育或医疗保健的机会是发展的组成部分），也是发展的工具性部分（例如，交换和交易的自由、进入劳动市场的自由，才是市场机制对经济增长的贡献点和对发展的贡献，而无关乎市场机制本身能否促进经济增长）。通俗地讲，自由既是发展的首要目的又是发展的重要手段，发展可以看作是扩展人们享有的真实自由的一个过程。

本书的中心目标是认识到各种形式的自由对解除人类苦难（例如，贫困、饥荒、环境恶化、自由权的侵犯等）所能发挥的作用，而个人的主体地位，即个人拥有主体的自由对消除苦难、促进发展具有中心意义。个人应被看作是参与社会发展和变化的能动的主体，而不是分配给他们利益的被动的接受者。因此，这需要社会力量承认个人自由的中心地位，需要社会的安排与个人的主体地位之间有很强的互补性，从这个层面上讲，阿马蒂亚·森反复强调必须把个人自由视为一种社会的承诺，各种社会机构（政府、市场、法制系统、政党、传媒集团、公共利益集团、公共讨论论坛等）的社会安排，对增强和保障个人的实质性自由应当作出贡献。

在中国继续深化改革的历史语境下，研读《以自由看待发展》能够促进我们重新思考关于如何全面和正确地看待"发展""自由""价值""理性""市场机制"等一些概念及其内涵。作为一个印度裔的著名学者，阿马蒂亚·森对亚洲文化、中国发展有着浓厚的兴趣并保持关注，他从经济发展和其他领域的进步相分割中超脱出来，站在一个更加宏阔的发展高度，认为作为"一个杰出的文明古国"，中国长期在世界上技术领先并处于支配地位；评价实行经济改革之前的中华人民共和国，"一直是在当代世界——特别是通过教育扩展、医疗保健体制转变和土地改革上的重大进步——促进社会变革的一个先行者"。社会进步和经济发展之间的互补性为 1979 年以后进行的大规模经济改革提供了良好的基础，并且在经验上继续延续了这种互补性。总之，经济的成功不可能与社会、政治和文化的成就相分离。

延伸阅读：

1. 王绍光：《波兰尼的〈大转型〉与中国的大转型》，北京，生活·读书·新知三联书店，2012。

2. 韩毓海：《一篇读罢头飞雪，重读马克思》，北京，中信出版社，2014。

3. 温铁军等：《八次危机：中国的真实经验 1949—2009》，北京，东方出版社，2013。

34.《幻灭》

作者：巴尔扎克 著，傅雷 译
出版信息：人民文学出版社，2015 年版

巴尔扎克是欧洲批判现实主义文学的奠基人和杰出代表。100 多年来，巴尔扎克的作品传遍了世界的每一个角落，对世界文学产生了巨大影响。恩格斯说："我从巴尔扎克那里学到的东西，要比从当时所有职业的历史学家、经济学家和统计学家那里学到的全部东西加起来还要多！"马克思和恩格斯还曾称赞他是"超群的小说家""现实主义大师"。

《幻灭》是巴尔扎克《人间喜剧》中篇幅最大的作品，故事从 1819 年开始到 1829 年结束，正是波旁王朝复辟时期。小说以当时的巴黎为背景，通过两个外省男青年的遭遇，揭露文学艺术商品化以及当时新闻界的内幕，反映了"法国大革命"以后社会青年的精神状态和生存处境，也展现出资本主义胜利以后人与人之间的竞争与角逐所产生的个人奋斗和理想破灭的故事。巴尔扎克的深度在于，他看到了时代给予个人发展的无限可能，同时也看到了时代中所蕴含的阻碍个人发展的因素；既看到了人们奋斗的理想，也看到了现实社会的残酷。

故事主人公吕西安是一个贪婪虚荣而又富有野心的诗人，一直希望通过自己的聪明才智挤进上流社会。结果却受到当时巴黎新闻界歪风邪气的影响，离开了严肃的创作之路，最终在文坛斗争中身败名裂，黯然返回家乡。而其妹夫大卫则是一个心地淳朴的实业家，他埋头科学发明，才华横溢，但是在贪婪的父亲、阴险狡诈的商人以及野心勃勃的吕西安的共同挤兑下被迫放弃发明专利，放弃科学研究理想，成了最平常不过的小地主。两位主角一个是由于丧失人格而导致的理想幻灭，一个是被社会逼出来的幻灭，作者写的这两个男青年的际遇，实则是当时整个时代青年人的共同命运。《幻灭》中的几个人物的遭遇，大部分是取自巴尔扎克自身经历，他将自己的奋斗历程融合在不同类型年轻人的故事里。在他给韩斯卡夫人的信中表示，《幻灭》是"我的作品中居首位的著作""充分地表现了我们的时代"。

这本名家名作不仅揭露了当时普遍的社会现实，同时也揭露了当时法国刚刚起步的新闻界已经是一摊污泥，其恶劣风气，把无数像吕西安一样的青年引向幻灭。反观当下一味追逐收视率、眼球经济的传媒界和文化界，其警示意义不言而喻。

延伸阅读：

1. [美] 马克·吐温：《竞选州长》，天禾等译，北京，华文出版社，2003。
2. [美] 马克·吐温：《汤姆·索亚历险记》，杭州，浙江工商大学出版社，2017。

35. 《德里纳河上的桥》

作者：伊沃·安德里奇 著，周少燕、李雄飞 译
出版信息：人民文学出版社，1979 年版

前南斯拉夫小说家安德里奇（1892—1975）是 1961 年诺贝尔文学奖获得者。其获奖作品《德里纳河上的桥》的获奖理由是："由于他作品中史诗般的力量——他借着它在祖国的历史中追寻主题，并描绘人的命运。"他的作品在客观展示人类历史的同时，融入了高度理性的观照和博大深沉的反思，以悲壮的情调反映了人类要求相互沟通、和解，并进而追求永恒价值的愿望，表达了用理性战胜荒谬的坚定信念。

《德里纳河上的桥》是安德里奇的代表作"波斯尼亚三部曲"之一，素有巴尔干人民史诗之称。另外两部分别是《特拉夫尼克纪事》和《萨拉热窝女人》。15 世纪中期，奥斯曼土耳其帝国攻陷了君士坦丁堡，拜占庭帝国彻底灭亡。而后的四五百年，东欧大地上各种宗教盘根错节，日耳曼人、土耳其人、犹太人等相伴而生。统治者横征暴敛，人们处于水深火热之中。安德里奇选取了家乡的一座古老石桥，以故事情节相关联的方式把各自独立的故事联成一个整体，用一系列人物命运轨迹来追溯和见证 16 世纪以后波斯尼亚和塞尔维亚的一系列历史大事、困难生活以及为争取自由而斗争的可歌可泣的故事。

在小说中，这座桥由巴夏宰相晚年所建。穆斯林征服了巴尔干以后，出现了一种叫作"血贡"的制度，强掳一些幼童，培养他们成为禁卫军，让这些原本是波斯尼亚人的后裔为帝国效力。巴夏宰相幼年时，也被装进驴背上的筐子里带走，去作为"血贡"服兵役。"他默默无声地左顾右盼，眼里没有一滴泪水，冻得发红的小手里拿着一把小小的弯刀在筐子边刻划，一面环顾四周……这个小孩在十一月的这一天所经历的一切，使他身上得了一种病，这种病后来一直没能痊愈，甚至在他改变了生活习惯和宗教信仰，改变了姓名和国籍之后，也一直在折磨他"。而巴夏后来成为了奥斯曼帝国的将军，并指挥部队帮助奥斯曼帝国扩展领土，成了伟大的政治家。巴夏那天晚上得的病一直到晚年终于找到了方法治愈，于是，他为德里纳河地区建造了一座坚固而不朽的石桥。而这一故事也是本书的一个浓缩内核和叙事展开。

活在战乱时候的人民是痛苦的，而这种几经政权更替的人民更是苦不堪言。作者抓住这些重大历史背景塑造出不同时代不同的人物形象，这些人物的命运都与大桥的兴衰息息相关。

值得肯定的是，作者并未以南斯拉夫人主观的感情色彩去描写战争，而是带着客观的态度去描写历史更迭。数百年的历史岁月和人民的痛苦流离就像桥下匆匆流过的河水，唯有德里纳桥一直伫立。德里纳桥就是历史的化身。

延伸阅读：

1. ［俄］托尔斯泰：《战争与和平》，刘辽逸译，北京，人民文学出版社，2015。

2. ［苏］瓦西里耶夫：《这里的黎明静悄悄》，王金陵译，北京，人民文学出版社，2015。

36.《好兵帅克历险记》

作者：雅罗斯拉夫·哈谢克 著，星灿 译
出版信息：人民文学出版社，2015 年版

19 世纪后期捷克小说家哈谢克以第一次世界大战为背景，创作了传世讽刺杰作《好兵帅克历险记》。从此，"好兵帅克"的形象在世界无人不知、无人不晓。也因这一著作，哈谢克曾被欧洲批评家与 16 世纪的拉伯雷（《巨人传》的作者）和塞万提斯（《堂吉诃德》的作者）相提并论。

小说主人公帅克这一人物形象渗透着作者自己的性格、经历。作者哈谢克出生于 19 世纪末的布拉格，童年生活凄苦，但是社会活动较为丰富，14 岁时就已经参加过反对异族统治的运动，后来还与无政府主义者有过接触。第一次世界大战爆发后，哈谢克被奥匈帝国编入捷克军队到俄国作战。在俄国，正赶上"十月革命"爆发，于是加入苏联红军，不久，又加入了布尔什维克。哈谢克还曾经徒步游历了东欧各国，积累了很多故事和素材，体会了人间悲欢离合。正是这些非同寻常的经历，让哈谢克把"好兵帅克"的形象塑造得惟妙惟肖、生动逼真。

小说通过对帅克这一普通士兵形象的刻画，描述其在第一次世界大战中应征入伍到开拔前线的一系列传奇经历，深刻剖析了奥匈帝国的黑暗腐朽。主人公帅克是一个滑稽可笑的士兵，他看似平凡，实则大智若愚，用智慧和诙谐同反动政权作斗争，并消极抵抗战争。"帅克越是想不折不扣地执行命令，造成的麻烦就越大"，他走到哪里，哪里就鸡飞狗跳。作者这种戏而不谑、寓庄于谐的手法，以及帅克行动和效果之间的巨大反差所造成的诙谐感都指向了同一目标——对奥匈帝国及其丑恶现象无情的鞭笞和辛辣的讽刺。

小说中的场景常常能给我们以较强的画面感和深刻的思考。比如，帅克的上级库卡申中尉和帅克在一起的时候，就经常被帅克坑得没有一天安宁：帅克偷了上校的狗送给中尉，但是，中尉却在遛狗时被上校发现，直接被发配去前线；帅克跟着一起上战场的时候，又因为对少将不合时宜地调侃，被臭骂一顿。途中，中尉终于找到机会把帅克扔在中途车站，却发现帅克又阴差阳错抵达前线，还被安排为自己的传令兵。这种看似匪夷所思的经历，无疑是在暗讽奥匈帝国荒谬的当局，以及不得人心的军队势必失败和灭亡。

这是一部著名的讽刺小说，被誉为捷克文学的《堂吉诃德》，貌似荒诞可笑的背后却是巨大的悲伤与无奈。这本书中的很多情节非常滑稽有趣，然而，作者是希望我们在笑过之后，能有一些思考……

延伸阅读：

1. 郅溥浩译：《一千零一夜》，北京，作家出版社，2015。
2. ［意］薄伽丘：《十日谈》，逯士博译，北京，作家出版社，2015。
3. ［美］约瑟夫·海勒：《第二十二条军规》，吴冰青译，上海，译林出版社，2012。

37.《经济学原理》

作者：阿尔弗雷德·马歇尔 著，宇琦 译
出版信息：湖南文艺出版社，2012 年版

《经济学原理》（*Principles of Economics*）首次出版于 1890 年，至 1920 年共更新 8 版，是继亚当·斯密《国富论》之后最重要的经济学著作之一，是现代西方经济学的奠基之作，多年来一直被奉为英国经济学的圣经，也被西方经济学界视为划时代的著作。《经济学原理》集 19 世纪 70 年代以后西方经济学发展之大成，其中有关供给需求、边际效益与生产成本的重新整理等方面的贡献为西方经济学中的微观经济学理论体系的建立奠定了基础。

全书分六篇。第一篇是序论，把经济学定义为研究财富及人类欲望关系的一门应用科学，认为其目的在于解救贫困和增进福利；第二篇阐述经济学中常用的财富、价值、土地、所得、工资、地租、利息、利润、准租等基本概念；第三篇阐述关于欲望与满足以及消费理论；第四篇论述生产要素；第五篇论述需求供给与价值的一般关系；第六篇论述分配理论。作为现代经济学的开山之作，该书的核心是均衡价格论——以英国古典经济学中生产费用论为基础，吸收边际分析和心理概念，论述价格的供给一方；又以边际效用学派中的边际效用递减规律为基础，对其进行修改，论述价格的需求一方。并且认为，商品的市场价格决定于供需双方的力量均衡，犹如剪刀的两翼，同时起作用。

本书既博大精深又通俗易懂。一方面，汲取了古典经济学家李嘉图学说的经验，并密切联系和应用于实际，深入浅出、通俗易懂；另一方面，巧妙地引用数学和图示方法，使深奥的数学原理和烦琐的统计学都能被直观、感性地呈现。很多评论认为《经济学原理》是以数学为基础的，只是把数学这个伟大的工具巧妙地隐藏起来了。

更难能可贵的是，《经济学原理》既作为一本非常专业的经济学专著而存在，而且也显示了跨学科的学术视野和研究方法，这种影响及其作用至今仍有追效的意义：其一，是以人类心理学为基础。例如，把经济学定义为研究财富，同时也研究人的学问。这个定义从本质上来看与传统的经济学定义并没有什么区别，但它扩展了经济学的定义并吸纳了边际学派的理论分析，而且，书中所指的"研究人的学问"，主要是研究人的两类动机——追求满足和避免牺牲。在人类经济生活中，前者促进人类的经济行为，后者制约人类的经济行为。虽然人类的动机从性质上讲是无法衡量的，但其满足和牺牲的程度可以在数量上以货币为标准进行间接的衡量和计算。因此，建立在人类心理分析基础上的经济学主要是用货币来对人类行为的动力和阻力进行分析。其二，打破了经济学与政治学、哲学、社会学等人文社科之间的绝然壁垒，拓展了经济学的学科边界。全书将政治经济学和经济学作为通用学科来对待，显示出与道德哲学

密不可分的情愫，也充满了社会学的气息。《经济学原理》绪论中指出，政治经济学或经济学"是对人类一般生活的研究，是对个人与社会活动中获得和使用保障生活安康物质必需品的最密切相关部分的研究"，经济规律和推论只不过是在某种程度上用良心和常识来解决实际问题，以及建立可以指导生活的规则性的资料。对于道德与经济的关系，也指出了"经济人"的完全利己主义假设在道德面前是不成功的，利他主义也是普遍的。

作者阿尔弗雷德·马歇尔（Alfred Marshall，1842—1924）是剑桥大学经济学教授，是19世纪末和20世纪初英国最著名的经济学家，被认为是英国古典经济学的继承和发展者、新古典学派的创始人。在马歇尔的努力下，经济学从仅仅是人文科学和历史学科的一门必修课发展成为一门独立的学科，剑桥大学在他的影响下建立了世界第一个经济学系。他的理论及其追随者被称为新古典理论和新古典学派，同时由于他及其学生，如J. M. 凯恩斯、J. S. 尼科尔森、A. C. 庇古、D. H. 麦格雷戈等先后长期在剑桥大学任教，因此也被称为剑桥学派。剑桥学派对现代西方经济学的发展产生了深远的影响。

延伸阅读：

[英] 亚当·斯密：《国富论》，胡长明译，南京，凤凰出版传媒集团，2011。

38. 《朱光潜美学文集》

作者：朱光潜 著

出版信息：《谈美》，漓江出版社，2011 年；《谈文学》，安徽教育出版社，1996 年；《谈美书简》，北京出版社，2004 年版

若想涉猎一点美学知识，我们绝绕不开现代美学大师朱光潜这座高峰，堪称系列经典的美学文集——《谈美》《谈文学》《谈美书简》，分别是美学大师朱光潜早期（学生时代）、中期（抗战后期）和晚期（82 岁高龄）关于美、美感、美学、审美教育等方面思考的结晶。

《谈美》是有关美、美感、艺术和人生的深刻思考，是朱光潜建立其早期美学理论体系的重要著作之一。全书从"谈美"为"人心净化"的审美教育目标出发，重点谈美感的形成和特点，提出了他的美学研究的理想目标，即"人生的艺术化"。全文娓娓道来，在亲切平淡中不失睿智，无怪乎该书一直被视为"科学性、普及性的经典之作"。

《谈文学》是朱光潜在抗战后期写作的 19 篇论文。朱光潜曾说他首先对文学感兴趣，其次是心理学，最后是哲学。这本书倾注了他多年来对文学的兴趣和思考，其中对文学审美的教育功能、文学教育的关键点、文学审美教育的途径等方面的论述颇有深度。

《谈美书简》是朱先生 82 岁高龄的暮年之作，是对自己自 20 世纪五六十年代的美学大讨论后学习马克思主义和毛泽东思想，并且进行自我批判的思想结晶。在五六十年代的美学大讨论中，他提出了美是主客观辩证统一的理论，为了进一步论证，在《谈美书简》中，他特别强调马克思主义的实践观点和人的整体性观点。他认为马克思主义给美学带来的根本变革是从单纯的认识观点转变到实践观点。从实践观点出发，文艺也是一种生产劳动，是精神方面的生产劳动。在这种创造性活动中，人发挥自己特有的本质力量来改造自然，同时也使自己得到改造和提高。

作为爱国知识分子，朱光潜幻想以文化教育救国兴邦，提倡"净化人心""美化人生"和"人生的艺术化"。在其早期的著作《谈美》中，他强调全身心地投入到审美对象（意象）中并保持适当的距离，审美经验就是作"形式的直观"。而审美教育同样也需突出这种审美的"欣赏的态度"。在其后期《谈美书简》中，他放弃了早年对审美教育的"形式的直观"的主观唯心主义的审美观点，大大开拓了审美的领域，认为审美不再仅仅关乎情感和形式，而且包括认知（"认识"）和内容（"现实生活"），这显然是受了马克思主义重视现实生活的唯物思想的影响。

无论你更赞同朱光潜哪个时期的美学思想，但有一点公认的是——终身学习、不断自省、与时俱进、经世致用的严谨作风和开放精神，是值得我们钦佩和敬仰的！

延伸阅读:

1. 宗白华:《美学散步》,上海,上海人民出版社,2017。
2. 李泽厚:《美学四讲》,北京,生活·读书·新知三联书店,2004。
3. [奥] 汉斯立克:《论音乐的美》,杨业治译,北京,人民音乐出版社,2003。

39.《西方文学：心灵的历史》

作者：徐葆耕 著

出版信息：清华大学出版社，1990 年版

　　高尔基说，"文学即人学"，文学是人的"生活和情绪的历史"。因此，真正的文学来源于人的生活和心灵。文学可以承载很多东西，比如，历史、社会、道德、哲学，等等。但是如果说有什么用来承载文学最为合适，那就是心灵。清华大学徐葆耕教授在为我们讲述西方文学的发展历程时，把西方文学比作"心灵的历史"。无论是古希腊还是文艺复兴，无论是新古典主义还是启蒙文学，都是特定的历史阶段下人们心灵的即时反应和最好写照。有评论者认为，该书"摆脱旧有的框架，把文学作为心灵现象，把文学史作为人类心灵的历史来系统地进行研究、探讨"，是一部别开生面的文学理论论著。

　　《西方文学：心灵的历史》可以说是中国第一部从文化心理的视角系统梳理西方文学史的著作，通过解读不同历史阶段的文学作品，揭示了西方社会在不同的历史阶段中人们丰富而广阔的内心世界和深层心理结构，展现了不同历史时期西方社会人们的情感与审美。正如作者在题记中指出："文学是人类心灵的历史""人类流动不已的生命和变幻不定的精神现象构成了西方文学的壮阔河流。"同时，进行了相应的理论论证："外部因素有四维，即经济关系、文化、民族、历史。每个心灵都在这四维坐标中占一位置，受这四个坐标的影响。"

　　本书选取每个时代和流派的代表作品进行详细介绍，完整勾勒出西方文学史的演变过程和发展路径，而贯穿这整条逻辑线的就是通过历史现实所展现的人的心灵的丰富多彩，以及人本身的底蕴内涵。徐葆耕教授发现，文学的发展历程大约经历了三个历史循环：个体自由的向往和对现实社会束缚的冲击—个体对现实反抗的失败—个体对现实的妥协。个体在冲击社会现实对个体自由的束缚时，往往表现出文学的浪漫主义化；而反抗失败以后，更侧重于人性关系的写实性记载；个体对现实妥协的时候，则更多地表现为古典主义或自然主义情怀。妥协后的一段时间，个体自由的种子再次萌芽，于是，又重新开启一轮新的人类心灵史历程和文学史演变。这就是本书始终贯穿的"心灵自由"和"表达束缚"两者之间的对应关系，这两者力量的此消彼长、反复博弈、循环往复，也就造就了不同时代西方文学异彩纷呈的风景。

延伸阅读：

1. 徐葆耕：《叩问生命的神性：俄罗斯文学启示录》，桂林，广西师范大学出版社，2009。

2. ［美］约翰·梅西：《西方文学史》（文学的故事），孙清玥译，北京，红旗出版社，2014。

40.《社会性动物》（第九版）

作者：艾略特·阿伦森 著，邢占军 译
出版信息：华东师范大学出版社，2007 年版

什么是社会心理学？为什么亚里士多德说"从本质上讲人是一种社会性动物"？且看下面的情境。

为什么企业热衷于用明星做广告？为什么有人溺水时围观的人却不伸以援手？为什么人们会相信邪教？为什么受过教育的人也会盲目服从宗教领袖，即使让他自杀也在所不惜？

美国社会心理学家艾略特·阿伦森 1972 年出版的《社会性动物》就是要解决这些问题，他认为"社会心理学家在帮助我们这个世界变得更加美好方面，可以扮演极为重要的角色"。该书第一版问世以来，40 多年间，已在世界范围内畅销数千万册，成为社会心理学领域内最具影响的著作，激励着一批又一批社会心理学研究者不断地直面现实，去应对人们探索与社会影响有关的种种社会问题的兴趣。因此，本书被称为"美国社会心理学的《圣经》"。

本书不仅是一部社会心理学的入门之作，而且在理论、原理、方法、技术等方面作出了诸多的思考和论述，堪称经典。其最大的特点在于短小精悍、表述清新，随处可见阿伦森自己的生活体验和一针见血的思考。

比如，对"旁观者效应"的描写，阿伦森分享了自己一次野营的经历，突破了"责任分散"以及"观察别人反应以判断事情性质"的传统心理学观点：他们睡到半夜听到有人呼叫，阿伦森走出帐篷，发现已经有几十个人拿着电筒跑过去了。这个现象与经典视角的区别在于，后者认为人多会导致责任分散，出现旁观者效应，然而那次野营中，大伙却都上去帮忙了，由此出发，阿伦森极其敏锐地注意到他的经历与经典实验的两个关键区别：(1) 在营地，大家都处于一个相对孤立的小群体当中，因此产生了命运休戚相关的感觉，于是更可能同舟共济；(2) 旁观者无法容易地走开，因为第二天天亮了大家还是要会面的，所以"逃开责任"不是一个选择。而后来另一位心理学家在纽约地铁做的一个实验证明了阿伦森的观察。

在自序中，阿伦森说："为什么我却要将自己关在一间斗室里去撰写这样一本书呢？并不是因为我发了疯，也不是为了钱。……本书力图问心无愧地阐述社会心理研究对于解决困扰当代社会的一些难题的重要意义。"作者借此启示我们，无论是一个学科，还是一本书，都要致力于参与时代重要命题的讨论，解决时代和人民的问题，这样，才能传之于世，建立真正的价值和意义。

延伸阅读：

1. ［奥］弗洛伊德：《精神分析引论》，高觉敏译，北京，商务印书馆，1984。
2. ［英］霭理士：《性心理学》，潘光旦译，北京，商务印书馆，1999。
3. ［美］马斯洛：《动机与人格》，许金声译，北京，中国人民大学出版社，2007。

41. 《熵：一种新的世界观》

作者：杰里米·里夫金、特德·霍华德 著，吕明、袁舟 译
出版信息：上海译文出版社，1987 年版

1987 年，上海译文出版社出版了名为"当代学术思潮译丛"的系列书籍，其中就包括这本《熵：一种新的世界观》，该书自 1987 年 2 月第一版出版了 10 万册后，同年 12 月又加印了 1.5 万册，并且被节选入人教版高中历史教科书。30 年来，不断重印，其发行量一直居高不下。

"熵"并不是一个常见字，熵是什么？也并不是每个人都知道的。可是为什么偏偏是这样一本小册子在全球图书市场畅销？

"熵"来自于热力学，"熵定律"是热力学第二定律，正是这个定律告诉我们永动机是无法实现的。如果将这个定律运用到人文社会科学，就会发现世界的运行也要消耗能量，既包括自然环境资源，也包括社会文化资源，并且人类社会不会永远运行下去。当资源告竭的那一天，也就是社会失序走向混乱的时刻。

自从"启蒙运动"以来，牛顿-笛卡尔建立的科学观，以及借此形成的线性史观，包括科学主义和经济理性的人类社会发展模式，被这本小册子彻底颠覆了。

此书向世界宣告：鼓吹不断增长的资本主义经济发展思想终将破灭，并最后得出历史是不断倒退、衰亡的过程这样一个悲观的结论。

这个结论正确与否，至今仍然争议不断。但是，如果我们回到 1987 年的中国，回到这个观点进入中国的历史语境中，我们会发现，此书在中国出版发行，如同一声惊雷，醍醐灌顶。中国人开始思考，原来世界还有另一种可能：西方的科学技术并不能保障财富永远无限制地增长；经济的增长和发展并不是人类进步的代名词；不加控制的人类物质总量增长可能会导致社会走向混乱和无序，甚至给人类自己带来毁灭性的灾难。

1987 年的中国是什么样的中国？改革开放已经近 10 年，中国人在思想观念上一路奔向科学，奔向自由民主，新自由主义、社会达尔文主义大行其道。几乎与《熵：一种新的世界观》这本书同时在中国问世的电视纪录片《河殇》，便是那个时代流行思潮的代表之作。

时至今日，社会发展并没有完全印证作者里夫金的预言，但《熵：一种新的世界观》仍然值得阅读。至少这本已经发黄的小册子在时刻提醒人类：不要狂妄自大。我们的时代需要一种逆向的批判思维，需要一种颠覆性的世界观。

如斯特劳斯在《忧郁的热带》中所提到的："一种统一生产的标准就像批量生产的甜菜一样正在逐渐消灭地球上的花草。"我们需要另一种世界观，另一种对人类社会的新想象。

因此，读一读《熵：一种新的世界观》这本书吧，即便你认为它危言耸听，但至少是一种不一样的声音。

延伸阅读：

1. ［美］卡森：《寂静的春天》，吕瑞兰、李长生译，上海，上海译文出版社，2007。

2. ［法］法布尔：《昆虫记》，戚译引译，天津，天津人民出版社，2016。

3. 刘亮程：《一个人的村在》，杭州，浙江文艺出版社，2013。

42.《现代社会学理论》(第2版)

作者：马尔科姆·沃斯特 著，杨善华、李康 等译

出版信息：华夏出版社，2000 年版

"如何看待社会这个东西？"马尔科姆·沃特斯在《现代社会学理论》一书中问道。对这个问题的回答，也正是社会学之所以成为一门学问的根本原因。为此，社会学者创建了无数的范式、理论与观点。

马尔科姆·沃特斯的《现代社会学理论》并非现代社会学的前沿成果展示，而是一部通俗易懂的大学生教材。

一方面，此书系统、全面地向国内学者展现了这个西方当前最庞大、也最具人气的学科类型的内在结构和学术价值："这本著作迎着潮流，对当代社会思想中的核心争论作出了全面的论述。不仅如此，作者还将这些观点联系到社会学的当前论题，如变迁与全球化，女性主义与社会理论，以及向文化分析的复归等。"

另一方面，"本书素材丰富多彩，行文晓畅活泼，对于社会学的各路学者，对于文化研究、女性研究、组织研究、城市研究，以及地理学等诸多领域中关注社会理论的学者，都堪称一部价值上乘的引导性著作"，其中文译者北京大学社会学系教授杨善华评价道，"构筑线索之新颖、涉及人物之广博、勾勒学说之清晰……使我们倍感亲切和叹服"。

全书共十章，第一章为绪论，围绕"社会是什么"这个初始命题，从建构主义、功能主义、功利主义、批判结构主义、女性主义等研究路径展开，囊括了以马克思、韦伯、涂尔干、吉登斯、哈贝马斯等众多西方社会学家的思想体系。第二章到第五章主要是介绍这四大流派在行动、理性、结构和系统这四个方面的基本观点细节。第六章到第九章，涉及社会理论的一些重要论题——文化与意识形态、权力与国家、社会性别与女性主义、分化与分层。最后一章谈的是社会理论的发展前景，谈到了一些初露端倪的新领域和新思路。

本书另具特色的地方是在每一章节之后，作者为广大读者提供了"深入阅读指南"，为我们深入了解各种社会理论提供了方向，并对个别书目进行了简要评述。

延伸阅读：

1. [美] 瑞泽尔：《后现代社会理论》，谢立中译，北京，华夏出版社，2003。
2. [美] 里茨尔：《社会的麦当劳化》，顾建光译，上海，上海译文出版社，1999。

43.《菊与刀》

作者：鲁思·本尼迪克特 著，吕万达 等译

出版信息：商务印书馆，1990 年版

这本《菊与刀》问世以来，行销 100 多个国家和地区，成为了解日本文化、解读其矛盾的民族性格无法绕开的经典著作。

菊与刀，一如樱花与武士。菊花柔美，让人想起川端康成笔下的女性温雅哀婉之美；刀则诉诸暴力，让人想起举刀剖腹的日本武士。两个迥然相异的意象，在日本人的性格里却相安无事。正如作者所概括的："日本人生性极其好斗而又非常温和；黩武而又爱美；倨傲自尊而又彬彬有礼；顽梗不化而又柔弱善变；驯服而又不愿受人摆布；忠贞而又易于叛变；勇敢而又怯懦；保守而又十分欢迎新的生活方式。"

这本书原是一本"政策研究报告"。"二战"后期，德、日失败已成定局，美国迫切需要制订战后对日政策。日本政府会不会投降？盟军能不能用对付德国的办法来对付日本？如果日本投降，美国要不要保留日本政府机构及天皇？针对这些问题，美国战时情报局委托人类学者本尼迪克特对日本进行研究。1946 年，作者将这份报告整理成书出版，1949 年初被翻译成日文，立即在日本引起强烈反响。

如果说 20 世纪 50 年代，这本书是美国用来改造日本的行动方案，那么 80 年代则是世界各国用来分析日本崛起和日本文化的人类学专著。

作为一本应用性很强的政策研究报告，在各种智库机构如雨后春笋般涌现的当代中国具有借鉴意义。这本书通过在半个多世纪里的反复出版与传播，告诉我们什么样的研究才是好的政策研究，兼顾学术研究和政策建议，既对现实有强大的解释力，又对未来有深刻的指导力。

延伸阅读：

1. 阎云翔：《私人生活的变革》，龚小夏译，上海，上海人民出版社，2017。
2. 林耀华：《全翼》，庄孔韶，林宗成译，北京，生活·读书·新知三联书店，2008。

44. 《白银资本——重视经济全球化中的东方》

作者：弗兰克 著，刘北成 译
出版信息：中央编译出版社，2008 年版

在高中的历史教科书上，我们知道了这样一个事实：1492 年哥伦布发现美洲大陆，以及 1498 年达·伽马绕过好望角，标志着近代史的开端。然而，哥伦布和达·伽马为什么要万里迢迢扬帆远航？为什么与他们同一时代的郑和的远航却没有开启世界历史全新的一页？

我们的历史书告诉我们，哥伦布是为了满足欧洲新兴资产阶级日益迫切对白银和对东方商品的需要；而郑和却是为了满足封建统治阶级"万国来朝"的夜郎自大。因此，两者有着根本的区别。前者是现代的、进步的、开放的代表，后者是传统的、保守的、封闭的代表。

即便是马克思，也认为虽然西方殖民扩张的过程充满残忍和杀戮，但它依然具有进步性，它把欧洲先进的社会制度、经济生产方式和文化观念传播到了未开化的东方，推动了东方的现代化。

而弗兰克在《白银资本》中尖锐地指出，所有这些论述都是欧洲人书写的，他们的眼中只有欧洲。他形象地写道：

西方最初在亚洲经济列车上买了一个三等厢座位，然后包租了整整一个车厢，只是到 19 世纪才设法取代了亚洲在火车头的位置。名副其实贫穷可怜的欧洲人怎么能买得起亚洲经济列车上哪怕是三等车厢的车票呢？欧洲人想法找到了钱，或者是偷窃，或者是勒索，或者是挣到了钱。

弗兰克想要做的就是突破欧洲中心主义，他想知道究竟是欧洲造就了世界，还是世界造就了欧洲。

如果说是哥伦布以及后续的欧洲殖民者创造了世界体系。那么，为什么这个体系不能更早一些呢？弗兰克说，世界体系不可能像雅典娜从宙斯的脑袋里跳出来那样突然降生于世。在现代世界体系之前，一定已经存在着某些可以称为体系的东西。

再次回到那个问题，哥伦布为什么远航？

他们是要去寻找一个东方，一个马可波罗所说的满地黄金和丝绸的东方。那么，弗兰克借此发问：这难道不恰好说明在 1492 年之前就已经存在一个世界体系，而且促使哥伦布和达·伽马航海的不正是这个体系的结构和动力吗？而且，在这个体系中，东方是处于中心位置的，欧洲是边缘。正是由于边缘向往中心，欧洲人才开始航海

探险。

所以，哥伦布不是在创造一个世界体系，而是在加入一个世界体系。

但是，弗兰克确实是在解构一个世界，同时也希望可以创造一个世界。

关键在于历史。如何理解历史的延续与断裂？如果以欧洲为中心，就会认为19世纪以来的历史就是全部世界历史，这是一种人为的割裂，是"皇帝的新衣"。世界民族在漫长的历史中创造的丰富辉煌又波澜壮阔的人类文明都不见了，仅仅成为欧洲近代200年的注脚。

陈燕谷先生在为《白银资本》一书所作的序中写道：

毫无疑问，他成功地把我们带入一个更为广阔的天地，让我们看到世界历史更为复杂的互动关系。仅就这一点而言，弗兰克也不愧是我们时代最有远见的学者和思想家。

延伸阅读：

1. ［美］肯尼迪：《大国的兴衰：1500—2000年的经济变迁与军事冲突》，陈景彪等译，北京，国际文化出版公司，2006。

2. 李伯重：《火枪与账簿》，北京，生活·读书·新知三联书店，2017。

3. ［英］弗兰科潘：《丝绸之路：一部全新的世界史》，邵旭东，孙芳译，杭州，浙江大学出版社，2016。

45.《一个后现代主义者的谋杀》

作者：阿瑟·A. 伯格 著，洪洁 译
出版信息：广西师范大学出版社，2002 年版

    《一个后现代主义者的谋杀》是美国后现代主义作家阿瑟·A. 伯格的长篇小说。这是一部奇怪的作品——半是混乱的小说，半是哲学的呓语。故事的主要情节是：一位被称为"后现代主义之父"的美国加州大学教授艾托尔·格罗奇，在自己家的餐厅里被人同时用 4 种方式谋杀了。当时在场的有他的妻子、同行专家和作家、女研究生、女访问学者等人，他们正在帮助教授筹备召开后现代主义学术会议。侦探亨特进行调查时陷入了这帮后现代主义者的话语迷魂阵。到最后，侦探的结论也是"后现代"式的——谁都没有杀他。

    小说大量采用了拼贴和戏仿的手法。其拼贴有两种形式：图画式和文字式。这两种形式使小说叙事"零散化"和"碎片化"。伯格将绘画或照片插入文本，全书共插入 200 多幅照片和绘画作品，大多是后现代主义性质的，有拼贴画、抽象画、裸体照片等。此外，作者还将不相干的语录、学术讨论等插入小说叙事中。全书 22 章，每章开头作者都直接引用一段著名思想家的后现代主义言论。

    伯格借被谋杀者的妻子之口说："生活在后现代社会的人也用同样的方式，用碎片拼贴着他们的生活，就像艺术家拼贴他们的作品一样。再也没有连贯性和线性发展。……没有什么有意义的叙述，随着叙事的消失，我们的生活也失去了意义。"很明显，作者在这里指明：拼贴不仅是一种艺术方式，更是一种生活原则。

    "戏仿"即戏拟，又称为滑稽模仿。指文学中一种讽刺批评或滑稽嘲弄的形式，通过模仿一个特定的作家或流派的文体和手法来突出该作家的瑕疵，或该流派所滥用的俗套。小说中首先是对现实生活中的真人、真事进行戏仿。比如，小说中的俄罗斯语言学家普洛普，是一个在叙事学、神话学和喜剧等方面都颇有研究的真实人物，作品通过戏仿，揭开了学者清高的薄纱，露出其猥琐、伪善的一面。

    其次，是对经典哲学言论的戏仿。每一章开头都引用一段利奥塔、鲍德里亚、福柯等人的后现代主义哲学言论，使小说与现实生活、经典文本或名人言论之间形成"互文性"关系。

    最后，是对侦探小说体裁的戏仿。混淆了小说和学术著作的界限，使自身既不是完全意义上的传统小说，又不是严谨的学术论著，而是小说叙事和后现代主义哲学表述的混杂，从而构成对小说体裁和学术论著体裁的双重消解。

    作者贯穿在作品中的后现代主义论著引文和作品中人物的哲学见解交织在情节中，构成了整个作品的意义内核，使一件谋杀案变成了对后现代主义与后现代社会的一种独特阐释。

延伸阅读：

1.［美］杰姆逊：《后现代主义与文化理论》，唐小兵译，北京，北京大学出版社，2005。

2.盛宁：《人文困惑与反思》，北京，生活·读书·新知三联书店，1997。

46.《文明与野蛮》

作者：罗伯特·路威 著，吕叔湘 译
出版信息：三联书店，2016年版

　　《文明与野蛮》，是部人类文化学的名著，由美国人类学家罗伯特·路威撰写，中国著名语言学家吕叔湘翻译。这部书被称为外行、内行都能欣赏的人类学"科普"读物，即便读者不是人类学研习者，甚至不是学人文社会学科的人，通过罗伯特·路威纵横捭阖、深入浅出的娓娓道来，以及逸趣横生、确凿无疑的事实罗列，使人心悦诚服，醍醐灌顶。

　　到底何为文明，何为野蛮？现代人认为，现代文明，远古野蛮；种族主义者认为，白人天生文明，有色人种低劣。本书阐明文明的历史，着眼于全人类的贡献，以破除"文明人"自以为是的狂妄自大。罗伯特·路威通过大量的事实陈述和细节刻画，撕破了文明和野蛮的假面具——所谓的"文明"，绝非现代人、更绝非某个人种的特质，也不是线性发展历史观下的达尔文主义者认为的进化。书中以大量无可争辩的事实颠覆了我们以往通常对人类文明历史的想象和观念，甚至令人瞠目结舌、大跌眼镜。比如，18世纪的贵妇们的高髻里大量地生虱子；阿尔卑斯种、地中海种的人民对付污水排泄等何等费劲；即使18世纪中期和19世纪初，欧洲最漂亮的都会城市巴黎最大的医院，一张床上放一个病人、一具死尸、一个正要断气的人，医院成为最大的传染病中心……所谓文明人有时候很野蛮，而野蛮人有时候很文明。

　　文明的真实历史中，人类是既懒且笨的，在文明的进步上无所谓"必然"，"守旧"是人类的本性，无论哪个民族、种族都逃脱不了人类惰性的束缚。因此，种族优越感和时代进步论所体现的自大和狂妄是应该摒弃的。站在人类漫长的历史长河中俯瞰，人类文明的进化是漫长且缓慢的，例如交通，一个轮车前面套上一头牲口，任何民族都延用，直至蒸汽机发明后，大多数铁道还是用牲畜拉车。人心的惰性根深蒂固，以至于人类的文明进程渐进而缓慢。但是文明的进程中，"宝贵遗产里掺杂了许多渣滓"，为此，我们要提高警惕。在近百年时间，文明激变、狂飙、突进的时代从人类发明了电子通信技术伊始，人类用100年的时间发生了翻天覆地的变化，创造了许多奇迹。即便如此，我们也要警惕科学与伦理、技术与人性之间的相互纠缠的悖论关系，每一个新的进步，同时也会带来新的问题。犯错、纠错、再犯错、再纠错……历史就在这种悖论中不断重复。

　　人类文明的进步、甚至文明奇迹的产生，也不是"独家创造"，不是哪一个或者哪几个民族的功劳，而是跨越民族和种族相互学习、共同创造的结果。"转借"（borrowing）其他民族、国家人民的成果，再加以改造和变化，便变成了一种更新颖、更进步的文明。例如，举世通行的阿拉伯数字系统，最初的发明者并不是阿拉伯人，而是印度人，由中世纪的阿拉伯人改并传到欧洲，由此成为风行全世界最简洁、最实用的数字符号。善于吸收外来文化并努力加以改造，成就了中华民族光辉、悠长的文明历史，对此，罗伯特·路威在多处毫不掩饰自己对中国文化的赞叹："从外国采取一种有用的意识，这并不是丢脸的事情。所有复杂的文化都是这样东挪西借地建立起来的，像中国文化那样借用了外来的花样因而激起创造的努力者，往往产生惊人的结果。"

这部人类文学巨著以无可争辩的事实颠覆了我们往常对文明历史的刻板印象和荒谬的想法，启发我们审慎、全面、客观地理解人类的文明及其历史。这些充满智慧的警句如光芒四射的火花，随处闪耀在书间，拾撷一二如下：

人类自有生命以来，十分之八九的日子只是胡乱过了，东跑到西，西跑到东，拿着石、骨、贝、木做器具，打些野兽，掘些芋薯度命。人类的进步可以比作一个老大的生徒，大半生消磨在幼稚园里面，然后雷奔电掣似的由小学而中学而大学。

我们的现代文明更是从四面八方东拼西凑起来的一件百衲衣。

任何民族的聪明才智究竟有限，所以与外界隔绝的民族之所以停滞不前，只是因为十个脑袋比一个强。

地理并不创造技艺和习俗，它只是给你机会或是不给你机会。地理只供给建筑文化的砖瓦石灰，可是画那建筑图样的是各民族的过去历史——是它们已经想过的和做过的一切，无论是独立地想的、做的，还是摹仿了人家的。

纵然种族之间真有心理上的差异，也只能解释我们的问题的微乎其微的一小部分。因为文化的历史常常指示我们，在人种的基础完全相同的地方也会产生文化上的差异。

野蛮人的礼文非但严格，简直严格得可怕。

文化就这样打后门偷偷地溜了进来——它生来爱这一套。

然而世上偏有一班人相信人类有进步之天性，并且相信北欧人秉有这种天性最强。

讲到卫生，在最近若干年以前欧洲人和野蛮人站在一条线上。简直可以说，他们连野蛮人的程度都赶不上。

蛮族人民采取他人的发明较少，因为他们无处可借鉴，一大半非凭自己的见识不可。但他们并不是蠢材，他们所有的蠢气只是"万物之灵"所共有的一点蠢气。

从外国采取一种有用的意识，这并不是丢脸的事情。所有复杂的文化都是这样东挪西借地建立起来的，像中国文化那样借用了外来花样因而激起创造的努力者，往往产生可惊的结果。

把各方面的发明综合起来应用，欧洲人的笨正和野蛮人不相上下。

无论哪一种初民语言，所含词汇都足以表达使用这种语言者的全盘经验。所以任何简陋的民族都有诗文方面建树成绩的机会。

野蛮人艺术之所以比不上我们，不是在质的方面有何优劣可分，乃是因为它的范围较窄、数量较乏而已。

……

延伸阅读：

1. 郑少雄、李荣荣主编：《北冥有鱼：人类学家的田野故事》，北京，商务印书馆，2016。

2. 江晓原：《云雨：性张力下的中国人》，上海，东方出版中心，2006。

47.《傅雷家书》

作者：傅敏 编

出版信息：天津社会科学院出版社，2006年版

名人家书刊行不绝、长销不衰的只有两种：《曾国藩家书》和《傅雷家书》。

且看《傅雷家书》一些精彩片段。

谈艺术：

莫扎特既不知道什么暴力，也不知道什么叫作惶惑和怀疑，他不像贝多芬那样，尤其不像华葛耐那样，对于"为什么"这个永久的问题，在音乐中寻求答案；他不想解答人生的谜。莫扎特的朴素，跟他的温和与纯洁都到了同样的程度。对他的心灵而论，便是在他心灵中间，根本无所谓谜，无所谓疑问。

谈亲情：

亲爱的孩子，你走后第二天，就想写信，怕你嫌烦，也就罢了。可是没一天不想着你，每天清早六七点钟就醒，翻来覆去地睡不着，也说不出为什么。好像克利斯朵夫的母亲独自守在家里，想起孩子童年一幕幕的形象一样，我和你妈妈老是想着你二三岁到六七岁间的小故事。

谈社会：

中国正到了"复旦"的黎明时期，但愿你做中国的——中华人民共和国的——钟声，响遍世界，响遍每个人的心！滔滔不竭的流水，流到每个人的心坎里去，把大家都带着，跟你一块到无边无岸的音响的海洋中去吧！名闻世界的扬子江与黄河，比莱茵的气势还要大呢！……黄河之水天上来，奔流到海不复回！……无边落木萧萧下，不尽长江滚滚来！……有这种诗人灵魂的传统的民族，应该有气冲斗牛的表现才对。

家书，是私密的文本，是家人之间交流的方式，是琐碎的、日常的、充满人情味的。可是，为什么一本家书，能享此殊荣，传之于世？一定有着深刻的历史与社会根源。事实上，这本书的内容及其屡次再版的现象反映了1954年至今的中国人，尤其是中国知识分子的心路历程。

这些书信是在怎样的时代环境中写成的？1957年，傅雷说："千万别忘了我们处在大变动时代，中国如此，别国如此。……知识分子不免多一些苦闷，这是势所必然，不足为怪的。"此后不久，"反右运动"就开始了，傅雷被划成了"右派分子"。即便如此，1959年10月，他还能在信中写道："千万别做经理人的摇钱树！他们的一千零一个劝你出台的理由，无非是趁艺术家走红的时期多赚几文，哪里是为真正的艺术着想！一个月七八次乃至八九次音乐会，实在太多了，大大的太多了！长此以往，大

有成为钢琴匠，甚至奏琴的机器的危险！"同样，在这封信中，他说："你既没有忘怀祖国，祖国也没有忘了你，始终给你留着余地，等你醒悟。我相信，祖国的大门是永远向你开着的。"

1979 年傅雷平反，1981 年《傅雷家书》出版。注定了这些书信会被寄托了太多的情思，或者是对"伤痕"与反思的哀痛，或者是对学贯东西的民国学者的想象，或者是对充满文学音乐的绅士生活的憧憬……从这个角度来说，这本书的魅力恰恰在于出版之后的岁月中，能不断回应时代的思潮变迁，开启一代又一代中国人对人生、对家庭、对艺术、对国家、对世界的想象。

正如 1955 年 1 月 26 日，傅雷在一封家书中写道：

赤子之心这句话，我也一直记住的。赤子便是不知道孤独的。赤子孤独了，会创造一个世界，创造许多心灵的朋友！永远保持赤子之心，到老也不会落伍，永远能够与普天下的赤子之心相接、相契、相抱！你那位朋友说得不错，艺术表现的动人，一定是从心灵的纯洁来的！不是纯洁到像明镜一般，怎能体会到前人的心灵？怎能打动听众的心灵？

延伸阅读：
傅雷：《傅译传记五种》，北京，生活·读书·新知三联书店，2016。

48. 《争论中的国际关系理论》

作者：詹姆斯·多尔蒂、小罗伯特·普法尔茨格拉夫 著，阎学通、陈寒溪 等译
出版信息：世界知识出版社，2003 年版

本书是一本著名的教材，是世界上几百所大学"国际关系"课程的指定教材，影响了一代又一代西方国际政治的战略人士、外交家和学者。2003 年被译为中文，如今已出版第二版。

《争论中的国际关系理论》讲了什么、具有什么特点，竟让它在世界范围内受到如此欢迎？

它最大的特点是"全"。不仅从国际关系的根本问题和国际社会的现实出发，全面阐述了国际关系理论的范式、原理及其内在相互关系，总结了国际关系理论的基本研究方法、发展规律和总体特点，而且从西方"精神的历史"角度出发，介绍了国际关系理论的各种流派及其哲学的和政治思想的根源，清晰地呈现了当代国际关系理论的历史脉络。

本书既有宏观层面的各种现实主义、古典主义、结构主义、建构主义等政治思想理论体系；又有中观层面的关于战争、冲突、军事、暴力、合作等重大议题；还有微观层面的诸如权力、制度、行为体、政策、领导人性格、决策团体等涉及国际和国际行为体内部的因素。

因此，有人说该书"所涵盖的国际关系理论的范围和详尽程度是迄今为止任何其他一本著作都无法比拟的，古典理论、当代理论和冷战后国际关系理论的新发展全部囊括其中"。

不止于此，该书还立足新千年，提出国际关系的"未来学"，这种面向未来的范式对中国现实主义的国际关系研究提供了借鉴和新的视角：第一，中国学者如何借鉴古代政治思想传统和历史经验，创造出既能立足本土，又能与世界主流对话的国际关系理论？第二，如何避免该书中提到的"理论岛"现象，告别彼此孤立的理论概念，建立相互联系的、有机的国际关系理论的战略体系？

如今，资本主义全球化正向着更为纵深的方向发展，没有任何一个国家、一个民族、一个行业可以独立于国际关系之外。甚至曾经高唱了数千年的"帝力于我有何哉"的中国农民也不得不面对全球市场，每年他们种什么、收什么都与国际关系、地缘政治密切相关。新闻传播学更是如此。

所以，今天特向新闻学子推荐这本《争论中的国际关系理论》，不求对国际关系有多么深入的了解，但至少要知道当代国际关系的游戏规则、行为主体和格局体系，

并且知道它们为什么以及如何变成现在这个样子。如此，我们在未来从事新闻工作时，才能知其然、知其所以然，而不至掉入国际关系的陷阱，做出对不起国家和人民的事情。

可以说，《争论中的国际关系理论》是新闻学子必备的工具书。

延伸阅读：

[美] 基辛格：《大外交》，顾淑馨、林添贵译，海口，海南出版社，2001。

49. 《从黎明到衰落——西方文化生活五百年》

作者：雅克·巴尔赞 著，林华 译

出版信息：世界知识出版社，2002 年版

在千年的钟声即将敲响之际，一位 93 岁的老人写道："20 世纪即将结束……还会看到西方过去 500 年的文化也将同时终结。"他要用最后的岁月，去"以此回顾一遍我们这半个千年来伟大卓绝的成就和令人痛心的失败"。

《从黎明到衰落——西方文化生活五百年》是一代史学大师、文化大师雅克·巴尔赞在 93 岁高龄时完稿并付梓的一本专著，没想到立即被译成多国语言，畅销世界。在"作者的话"中，他写到"撰写此书期间，朋友和同事们常常问我花了多少时间准备。对此，我只能回答：我的一生"。

有一篇发在《颂雅风·艺术月刊》上的书评如是写道：

早在 20 世纪 30 年代，雅克·巴尔赞就打算创作一部有关西方文化史的作品，然而一位长者却劝阻了他，因为长者相信，30 多岁的年轻人还没有足够的知识去驾驭这个宏大浩渺的题材。我们已经无法知道这位老者是谁，只知道谦逊的雅克·巴尔赞听从了他的这个无价的建议。50 年后，已经成为美国文化历史界泰斗的雅克·巴尔赞已 85 岁了，他终于相信自己已经准备好了，开始动笔写就。一直到他 93 岁时，这部作品才正式出版。

在中文出版时，编辑推荐语是这样写的：

这部书对过去 500 年西方文化的评估内容精彩、引人深思、趣味盎然，是对抗当前浑浑噩噩的消费主义的最佳武器。除了雅克·巴尔赞，再无第二人能写出这部引人入胜的史学著作。阅读此书好似参加了一次这位当今思想最活跃、最渊博的学者主讲的座谈会。这是一部绝妙好书。雅克·巴尔赞的渊博无可匹敌。无人能像他一样对五百年的历史钩沉稽古、洞察入微，而行文又如此清楚、优雅、流畅。

享此殊荣，雅克·巴尔赞是一个什么样的人？《从黎明到衰落》是一本什么样的书？

从路德的《九十五条论纲》到玻意耳的"无形的学院"；从凡尔赛的沼泽、沙地到网球场；从《浮士德》第一部到《走下楼梯的裸女》第二号；从"大幻想"到"西方文明不能要"……500 年间，西方世界由凌乱走向崛起，并主导整个世界。那么，为什么是西方？历史在 1500 年以后选择西方是一种必然还是一次人类的意外？可是为

什么西方又会走向衰败？未来世界将呈现何种可能？

雅克·巴尔赞并没有通过宏大理论直接回答这些问题，而是回到文化历史的具体脉络中，用极为细腻的笔触尽可能详细地、从多个视角展现历史中的每一处细节，让读者有身临其境之感。

你准备好了吗？一幅西方文化生活 500 年的画卷正在徐徐打开。

延伸阅读：

[奥地利] 斯蒂芬·茨威格：《昨日的世界——一个欧洲人的回忆》，舒昌善、孙龙生、刘春华、戴奎生译，桂林，广西师范大学出版社，2004。

50. 《来自上层的革命——苏联体制的终结》

作者：大卫·科兹 等著，曹荣湘 等译
出版信息：中国人民大学出版社，2008 年版

2015 年阿列克谢耶维奇获诺贝尔文学奖，其代表作《二手时间》记录了苏联解体之后俄罗斯普通人的日常生活和破碎的梦想，大历史在这里与小人物交会了。

苏联是讨论 20 世纪历史无法回避的话题。一个庞然大物轰然倒下，一方面，感叹于"眼看他起高楼，眼看他宴宾客，眼看他楼塌了"的历史兴衰；另一方面，也启发我们去总结其经验教训，为后事之师。

一般来讲，认为苏联解体是因为严重的经济危机、通货膨胀和产品短缺。但经济学家大卫·科兹——也是本书的作者之一，专门研究了苏联和其他地方的经济史的制度变迁过程，发现苏联的经济困难严重，但尚还不足以对苏联体制如此迅速地瓦解给出满意的解答。那么，苏联解体究竟是因为什么？

信誓旦旦的戈尔巴乔夫试图建立世界上第一个民主社会主义体制，他希望从苏联的历史中释放出好的成分，同时消除那些不良的方面。但历史并没有按照他的意志发展，到戈尔巴乔夫掌权 6 年之后的 1991 年，苏联非但没有度过种种危机，反而分裂为15 个新的主权国家。是什么导致了这个结果的发生？

本书给出的答案是"来自上层的革命"，认为是大部分位居要职的苏联党国精英以及其他重要的官方组织，从拥戴社会主义转向了资本主义，放弃了共产党，转而支持领导亲资本主义联盟的共产党前高级官员叶利钦。为什么？本书认为，这些上层精英认识到他们的转变可能使他们变得更加富有。

当这本书在 1997 年发行的时候，这个观点一度被认为非常激进，并没有引起理论界和政界的重视。因为当时的主流观点认为苏联解体主要是因为经济崩溃、社会矛盾激化、共产党失去民心，底层民众发起了自下而上的革命。

20 年过去了，苏联党和国家的许多高级官员变成了富有的银行家和商人，或者是新的政府官员，而底层还是底层。这些事实最终击败了对这本书诋毁的观点。于是《来自上层的革命——苏联体制的终结》这本书在全球畅销。

那么，上层的革命是如何发生的？本书提供了详尽的分析。

正如全世界都知道的那样，苏联的改革导致了苏联解体和政治易帜。相反，中国的改革开放却开启了经济迅速增长和现代化的进程。如何从苏联解体中汲取教训，如何建立和完善社会主义制度，并使它能长期存在下去而避免重走苏联的老路？这是我们今天每一个中国人都应该思考的问题。

本书的最后一句话值得玩味，"苏联建设社会主义的经验及其破灭的最重要的教训是：我们不是处于社会主义挑战资本主义的终点，而是处在这一挑战的开端"。

延伸阅读：
1. 黄苇町：《苏共亡党二十年祭》，南昌，江西高校出版社，2013。
2. 桑德斯：《文化冷战与中央情报局》，曹大鹏译，北京，国际文化出版公司，2002。

专业类（50种）

51.《新闻文存》

作者：松本君平、休曼、徐宝璜、邵飘萍 著，余家宏、宁树藩、徐培汀、谭启泰 编注
出版信息：中国新闻出版社，1987 年版

1930 年 5 月 29 日，沙滩红楼，正在给北大学生授课的徐宝璜毫无征兆之下突然晕厥倒地，两天后猝逝于协和医院，享年仅 37 岁。一代报学先师喋血讲坛，盛年而亡，南北报界一时间齐声哀悼，痛心扼腕。

说徐宝璜是"报学先师"，并非后人刻意追慕，而是健在之日就已享此盛誉。徐宝璜辞世之际，沪上报界闻人黄天鹏、戈公振撰文纪念，称赞徐宝璜为"新闻教育第一位的大师，新闻学界最初的开山祖，《新闻学》在新闻学史上应居最高峰的位置"，并认为这是时人公认的"盖棺定论"。

徐宝璜之所以获誉如此，盖因他在新闻界除弊革新的努力，甚至是扭转乾坤的功绩。彼时的中国报业饱受军阀摧残，习惯于党派倾轧攻讦，以诬蔑谩骂、海淫海盗为能事，"十而八九者，形式与精神均不成为一种报纸"。徐宝璜致力新闻教育及学术研究，反复申说一些基本的新闻伦理和操作规范，其志恰在重塑报业的社会声誉，使之别开生面，步入正轨。为此不惜殚精竭虑，兀兀穷年，除在北大任教及著书立说之外，徐宝璜还在民国大学、平民大学、北平大学、朝阳大学、中国大学、第三中山大学等校兼课，以至积劳成疾，英年早逝。

徐宝璜的主要学术成果，凝结在《新闻学》一书，1919 年由北大新闻学研究会出版，是中国人撰写的第一本新闻学著作。蔡元培在序言中称之为新闻界"破天荒"之作，即是赞扬徐宝璜革故鼎新、激浊扬清之功。邵飘萍对该书的估定尤为精当——无此书，人且不知新闻为学，新闻要学。

如果说徐宝璜是当时的学界大师，那么邵飘萍无疑是业界翘楚。这位声名显赫的"新闻外交家"，堪称中国最早的"名记者"。张季鸾曾评价说，民国初元"访员"的社会地位殊为卑贱，几乎与"无赖"同义，邵飘萍则是风度翩翩，交游广泛，出入总统府、大使馆、显贵名流之间，"其第一功绩，即在提高访员地位"。关于邵飘萍的采访本领，时人慨叹"有鬼神莫测之机"，坊间流传他为了夜访段祺瑞，不惜豪掷千元以贿赂看门人。章士钊在纪念文字里写道，邵飘萍嗜好抽烟，所用烟草皆为美洲上品，烟卷亦由名厂定制，每支烟上都印有"振青"字样（飘萍为字号，振青乃本名），章士钊叹其"豪情绝世"。不可思议的是，1926 年遭张作霖、吴佩孚枪杀之日，邵飘萍创办的《京报》会计处仅余 70 元，其妻汤修慧的嫁妆也被抵押一空。以豪奢阔绰闻名的一代名记，身后别无长物。

《实际应用新闻学》蓄积了邵飘萍毕生的办报经验，特别是关于采访的技艺和心得。此书依据他在北大新闻学研究会和平民大学新闻系的讲稿编写而成，1923 年由京

报馆出版，堪称中国第一部新闻采访专著。该书"立论本于国情，举例由于实践"，被誉为"报学界罕见之出版物"。

1987年，复旦大学新闻系经过多年的精心筹划，将徐宝璜的《新闻学》和邵飘萍的《实际应用新闻学》重新整理、注释，并与松本君平的《新闻学》以及休曼的《实用新闻学》一道汇编成《新闻文存》出版发行。两份外国著作同样大有来头：松本君平的《新闻学》是日本最早的新闻学著作，梁启超、徐宝璜等近代中国的新闻大家都受其影响；休曼的《实用新闻学》则是美国最早的新闻业务名作，鉴于美国近代报业"开风气之先"的历史地位，此书的价值和意义自不待言。

延伸阅读：

1. 甘惜分：《甘惜分自选集》，北京，中国人民大学出版社，2007。
2. 胡钰：《新闻理论经典著作选读》，北京，清华大学出版社，2016。
3. ［美］科瓦齐、罗森斯蒂尔：《新闻的十大基本原则》(第二版)，刘海龙等译，北京，北京大学出版社，2014。

52. 《范长江新闻文集》
（上、下册）

作者：范长江 著，沈谱 编
出版信息：新华出版社，2001 年版

看似寻常最奇崛。范长江的这部文集，在晓畅浅白的文字背后，实在蕴藏着震撼人心的精神气度。每一位有志于成为"名记者"的青年都应当用心阅读体会，从中汲取"以新闻为业"的灵感以及力量。

这部文集由范长江夫人沈谱（沈钧儒之女）精心编辑，收录了《中国的西北角》《塞上行》等经典篇目，部分新闻论文、随笔杂谈、思想自传同样精彩纷呈，发人深思。捧读这些作品，首先让人惊叹的是范长江渊博浩瀚的学识，以著名的西北旅行通讯为例，举凡历史地理、人文掌故、野史小说、唐诗宋词乃至外国人的研究成果，皆能信手拈来，巧妙引用，使得文章纵横捭阖，摇曳生姿，给人以知识和审美的享受。从另一位名记者邹韬奋的著作中，我们可以觉察到相似的文风和学风。中国新闻工作者的最高荣誉"长江韬奋奖"，正是以这两位新闻大家的名字共同命名，可见知识素养是业界公认的优秀记者的基本品质。用范长江自己的话说，"广博的知识、丰富的思想、广阔的活动天地，这对于一个记者是非常非常重要的。一个记者如果到最后变得知识很干瘪，思想很闭塞，活动领域很狭窄，我想，这记者就不大好当了"（《记者工作随想》）。

尤为重要的是，范长江文章中的旁征博引，并非掉书袋式的炫技自夸，而是有机地服务于他的核心关切，也就是全书一以贯之的忧国忧民、济世安邦的胸怀。从范长江的文章著述和生命历程中，我们分明看到了一个 20 世纪中国知识分子的经典肖像。生长于那个风雨飘摇、山河破碎的时代，青年范长江念兹在兹者，全系"寻找中国的出路"，大革命兴起之际他投笔从戎，宁汉合流之后陷入精神苦闷，萌生了"从读书中找出路"的念头，为此颠沛求学，惨淡时甚至露宿乞讨，但勤奋攻读乐此不疲。在北大半工半读期间，范长江和学友们拟定了一个涵盖全面抗日、民族自救、世界大战等重大问题的长篇"研究大纲"，并在报刊发表以寻找同道之人集体研究，"嘤其鸣矣，求其友声"，颇似青年毛泽东在长沙新民学会的做法。

正是出于对家国时事的敏感，范长江将目光投向广袤的西部，推断未来抗战爆发后东部沿海必将不保，落后的西部地区将成为至关重要的大后方，因此唤起国人注目，尽快开发西部显得迫在眉睫。基于这样的政治意识，范长江深入研读西部的历史、地理、社会、军事、自然知识，并寻找机会以《大公报》旅行记者的身份冒险前往西部实地考察。范长江发回的西北通讯风靡一时，《大公报》因之洛阳纸贵，集结成册的《中国的西北角》几个月内连印七版，实在是事有必至，理所当然。

对于有出息的新闻人来说，知识视野和政治意识不可或缺，这是范长江、邹韬奋等前辈先贤留给我们的宝贵遗产。两者难分难舍，相互促进。政治意识，归根结底是对现实的感受力（马尔克斯语），也就是认识和理解生活世界的能力，作为以报道和诠释为志业的新闻人，这样的素质自然是题中应有之义。现实世界纷繁复杂，特别是，如今高度现代化带来知识领域的细密分化和深度割裂使得从总体上认识世界变得尤为困难，这实际上对新闻人的知识视野提出了更高的要求。这也是我们在今天重读范长江文集的意义。

延伸阅读：

1. 邹韬奋：《韬奋文录》，北京，生活·读书·新知三联书店，2011。
2. 萧乾：《人生采访》，北京，作家出版社，2000。
3. 徐铸成：《报海旧闻》，北京，生活·读书·新知三联书店，2010。
4. 陶菊隐：《记者生活30年》，北京，中华书局，2005。

53.《红星照耀中国》
（西行漫记）

作者：埃德加·斯诺 著，董乐山 译
出版信息：人民文学出版社，2016 年版

　　1937 年 2 月初的一天，暮色初降，北平东城盔甲厂胡同 13 号，海伦·斯诺（Helen Snow）站在四合院中，浑身瑟瑟发抖，一副神经脆弱的样子。2 月的北方正是数九寒天，但海伦不是娇弱女子，人们说她生气勃勃，"激情迷人"。她的心中充满了恐惧，极度的恐惧。

　　海伦正在焦急等待一位警察的登门家访。大约一个月前，她的邻居——19 岁的英国姑娘帕梅拉，前外交官、著名汉学家倭纳（E. T. C Werner）的养女，死在不远处的古城墙下。尸首面目全非，胸腔被打开，心脏不见了，肋骨全断，身上布满刀劈斧斫的痕迹。杀戮场面如此残忍可怖，受害者还是"洋大人"的女儿，此事震惊了整个北平。

　　海伦吓得胆战心惊。她告诉警察："他们要杀的人是我，不是帕梅拉，这是个警告。"

　　"他们"，海伦指的是戴笠手下的军统杀手。这是她的推测，她自信有充足的理由。去年秋天，她的丈夫埃德加·斯诺（Edgar Snow）去了陕北苏区，采访了红军、共产党以及毛泽东、朱德等神秘人物，带回了大批照片、资料，并很快在上海的英文报纸《密勒氏评论报》以及欧美报纸上发表了一些赞扬红军和共产党的报道，蒋介石和国民党对他恨之入骨。最近，埃德加正在写作《红星照耀中国》，手稿的细节已经流露出去了。斯诺夫妇是北平洋人社区的名流，埃德加风流倜傥，海伦美艳照人，夫妇俩向来是高级宴会、舞厅酒吧、京郊赛马场的常客——他们甚至供养了 1 匹名贵的蒙古赛马。写作计划在洋人圈早已尽人皆知，人们纷纷议论这一定会是一部爆炸性的作品。

　　海伦相信，她和丈夫一定上了国民党的黑名单，"戴老板"要杀掉她，以警告她的丈夫。她比帕梅拉年长 10 岁，但身材相仿，头发肤色也接近，都是高挑的金发尤物，也都喜爱华丽的衣裳，而且都经常沿着城墙骑自行车。海伦跟警察分析说，如果杀手不熟悉她们俩，加上夜色模糊，是极有可能认错的。

　　她那自诩为"天之骄子"的丈夫，却不信这一套，他觉得海伦是杞人忧天，"外国人在中国还是神圣不可侵犯的"。话虽如此，他还是雇了 4 个彪形大汉，腰挎大刀矗立在门口，墙头也插满了碎玻璃，防止翻越。

　　——上述情节出自好评如潮的非虚构作品《午夜北平》，作者是英国历史学家法

兰奇（Paul French）。法兰奇的文风颇似史景迁（Jonathan Spence），他还写过一本新闻史著作《镜里看中国：从鸦片战争到毛泽东时代的驻华外国记者》，虽不如《午夜北平》那样扣人心弦，倒也逸趣横生。

后面的故事就非常闻名了。埃德加果然没被吓倒，他推进了写作进度，当年 10 月《红星照耀中国》就在英国出版，效果确实是"爆炸性"的，竟然一个月内连印 5 版。中国共产党和红军终于借斯诺之妙笔冲出了国民党的新闻封锁，那些曾被渲染为青面獠牙、杀人如麻的"赤匪"，第一次以清新刚健、充满远大理想和人性光辉的生动形象出现在世人面前，赢得了世界范围内广泛的同情和支持。很快，1938 年 2 月，《红星照耀中国》出口转内销，由胡愈之、梅益等人集体翻译，在上海以《西行漫记》为名出版流传。国统区许多对民族命运彷徨无告的知识青年，从斯诺的描述中发现了一个新的光明世界，从而历经艰辛、义无反顾地从全国各地涌向延安。从此，黄河之滨集合了一群中华民族优秀的子孙。

今天的我们，大概很难想象当年人们阅读斯诺作品的新鲜感和兴奋劲。我们对那段历史似乎耳熟能详，这种熟悉感往往使人失去必要的敏感度和洞察力，无法更好地理解历史的复杂性和丰富性。从这个意义上说，斯诺的著作具有恒久意义，后世的读者可以借助这位外国人孩童般的好奇眼睛，通过他栩栩如生的叙述来了解那段不平凡的岁月，认识那些"熟悉的陌生人"。

延伸阅读：

1. ［美］贝尔登：《中国震撼世界》，邱应觉等译，北京，北京出版社，1980。

2. ［美］史沫特莱：《伟大的道路》，梅念译，北京，生活·读书·新知三联书店，1979。

3. ［美］韩丁：《翻身：一个中国村庄的革命纪实》，韩倞等译，北京，北京出版社，1980。

54. 《长征——前所未闻的故事》

作者：哈里森·埃文斯·索尔兹伯里 著，过家鼎 等译
出版信息：解放军出版社，2001 年版

《红星照耀中国》的破土而出，也许称得上一起历史事件。拉铁摩尔（Owen Lattimore）评价说，斯诺的著作"像烟火一样，腾空而起，划破了苍茫的暮色"。在那个时刻，全世界无数的男男女女热血沸腾，欢欣鼓舞。

索尔兹伯里（Harrison Salisbury）就是这样。1938 年读到《红星照耀中国》时，他是国际合众社的记者，比斯诺小 3 岁。索尔兹伯里对这位同行钦佩不已，为他描述的革命史诗和长征事迹所震撼，彻夜难眠。

几年后，在腥风血雨的苏德战场，他们见面了。作为战地记者，他们一起穿越硝烟弹雨，结下了深厚的友谊。偶有闲暇，中国革命、长征是他们交谈的核心话题。斯诺说长征是一次无与伦比的人间奇迹，是人类精神的丰碑。相比起来，欧洲历史上汉尼拔率军翻越阿尔卑斯山的"壮举"不过是一次惬意的周末旅行。不过，因为当时的条件限制，他只写了一鳞半爪，"总有一天会有人写出这一惊心动魄的远征的全部史诗"。与斯诺的言谈交往，加强了索尔兹伯里对中国的浓烈兴趣。

斯诺希望自己成为这部史诗的作者，却始终没有机会。1972 年尼克松访华，中美之间长期的敌对状态开始和缓，斯诺却在此时溘然辞世。索尔兹伯里下定决心，一定要完成斯诺的未竟事业，实现这位先行者的遗愿。就在这一年，他以《纽约时报》副总编辑的身份向周恩来发电报，希望中国政府批准他重走长征路、撰写长征纪实，不过石沉大海。索尔兹伯里是那种撞了南墙也不回头的人，异常执着，他反复递交申请，给每一位他能想到的中国官员写信。

实际上，索尔兹伯里的努力早就开始了，早在 1960 年斯诺第一次访问中华人民共和国时，索尔兹伯里就给斯诺写信，希望老朋友也能促成他访华。斯诺说自己凭的是与中共"昔日的友谊"，在当时中美剑拔弩张的势态下，其他美国记者很难效仿。索尔兹伯里像西西弗斯一样，一而再、再而三、三而无穷尽，坚持不懈地"寻找通向中国之门""寻觅能够打开门锁的钥匙"。这种坚韧劲头让斯诺心怀愧疚，他在 1968 年的一封信中安慰索尔兹伯里：如果北京决定邀请美国知名记者，我敢肯定，你的名字一定首当其冲。

1983 年，经年累月的努力终于收到成效，中国政府同意了索尔兹伯里的"长征计划"，并允许他采访任何对象，使用任何档案和史料。第二年，76 岁高龄的索尔兹伯里总算踏上了长征路，在妻子、友人的陪同以及中方人士的协助下，年迈的索尔兹伯里怀揣心脏起搏器，爬雪山、过草地、穿激流、登险峰，不惧艰难险阻，终于从江西到达陕北，完成了自己的两万五千里长征。在金沙江畔的崎岖山路上，索尔兹伯里心

脏病复发，中方安排飞机送到成都抢救，才算化险为夷。

索尔兹伯里让人想起关汉卿笔下"响当当的铜豌豆"——蒸不烂、煮不熟、捶不扁、炒不爆。这种精气神儿，体现了一位杰出记者的职业素养。这样的劲头，同样显露在《长征》的文本之中。这部报告文学所调用的材料十分惊人。来华之前，索尔兹伯里做足了案头工作，阅读了大量长征以及相关历史的文献材料，这从书后的详尽注释可见一斑。在北京，索尔兹伯里访问了多位党史专家，搜集了大量文件档案，特别是在中国政府的协助下，采访了许多参加过长征的党、政、军高层领导人，杨尚昆、李先念、胡耀邦、陈丕显、伍修权、杨成武、萧克、余秋里、肖华、康克清、刘英、李伯钊……这个采访名单很长，每一个名字都不同凡响；重走长征路上，索尔兹伯里沿途考察地理和气象，向老红军、牧民、船工们询问历史与现实，悉心搜集逸闻及趣事，与各地博物馆、纪念室、研究所的工作人员和专家、学者深度交谈。这些材料经过巧妙构思，组成了一幅长征的全景画面。

《长征——前所未闻的故事》一书既有文学的生动，又有史学的厚重，1985 年在美国甫一出版就引发轰动，很快被翻译成多种文字。有心的读者，但凡翻开第一页，就会被一个个扑面而来的鲜活故事所吸引，欲罢不能。

延伸阅读：

1. 王树增：《长征》（修订版），北京，人民文学出版社，2016。

2. 张正隆：《枪杆子 1949》，北京，人民出版社，2008。

3.［美］索尔兹伯里：《天下风云一报人》，粟旺等译，北京，中国对外翻译出版公司，1990。

55. 《走进中国——美国记者的冒险与磨难》

作者：彼得·兰德 著，李辉、应红 译
出版信息：文化艺术出版社，2001 年

　　1945 年 7 月，抗战胜利的前夜，福建战时省会永安突然紧张恐怖起来。第三战区司令长官顾祝同，这位 4 年前"皖南事变"的元凶，再一次震惊了中外。这个月中旬，他发动了逮捕福建进步文化人士的秘密行动，导致 29 人身陷囹圄，史称"永安大狱"。时人誉为"新闻巨子"的羊枣（杨潮），就在此时横遭囚禁，半年后被虐死狱中。

　　羊枣之死，让美国记者克里斯托弗·兰德（Christopher Rand）懊悔不已。他一直认为羊枣原本是有机会脱险的。在国民党特务满城抓人之时，羊枣躲到了美国新闻处东南分处，他是这个新闻宣传和情报机关聘请的顾问，特务不敢贸然闯进去抓人。新闻处的朋友打算在夜间开车把羊枣送出福建，但处长兰德觉得兹事体大，必须请示重庆的美国大使馆。大使馆指示兰德"不干涉中国内政"，因为中美双方之前已经达成一项协议，罗斯福总统废除了美国在中国的治外法权体系，美国机构无权庇佑所雇用的中国人。"羊枣事件"正是这项协议出台后的第一个案例。接到大使馆的指令，兰德只能交人，不过他向国民党提出多项条件，包括批准羊枣立刻交保、新闻处派一位美国同事陪同羊枣、审判时新闻处必须派人旁听等。特务们满口答应，但抓到人之后马上不认账了。兰德非常气愤，他赶去杭州拜见顾祝同，但还是没能救出羊枣。

　　"羊枣事件"之后，兰德辞去了美国新闻处的职位，转任《纽约先驱论坛报》驻华记者，以多种体裁报道了蒋介石政权崩溃的全过程，赢得了广泛的赞誉。

　　在 20 世纪前半叶的中国革命中，像兰德这样的美国记者为数不少，更著名的还有伊罗生、斯特朗、爱泼斯坦、史沫特莱、斯诺夫妇、贝尔登、白修德等。他们不是一般意义上"客观""中立"的记者，而是深度参与到中国事务之中，期望以自己的报道影响美国的对华政策。他们大多同情中国人民的深重苦难，站在革命力量的一边，甚至毫不避讳地成为中国革命的宣传者。这些人被称为"中国通"（China hands）。国共内战期间，他们在美国受到冷遇，被认为应该为"丢掉中国"负部分责任，后来麦卡锡主义风行，大批"中国通"遭到诬陷和清洗。在中国的经历成为他们的梦魇，很多人在美国无法立足——斯诺避祸瑞士、贝尔登在法国开出租车谋生。

　　兰德对那段中国时光讳莫如深，很少对人提起，连父母妻儿都不知其详。80 年代初，兰德已经去世 10 多年了，他的儿子彼得·兰德（Peter Rand），在老家废弃的库房里发现了一个黑铁橱，里面装满了父亲遗留下来有关中国的文件、报纸、信件、日记，"中国的冒险，被活活掩埋在这个黑色金属的空间里，田鼠一点点吞噬它们，在保存完好的文献之间，留下发硬的一小粒一小粒的鼠屎"。这位作家、哈佛大学费正清中心的研究员，被这些神秘的故纸强烈吸引，决心挖掘父亲的中国经历，并延伸到有着相同命运的美国记者。十年磨一剑，1995 年彼得出版了《中国通：美国记者在中国革命中的冒险与磨难》，以别出心裁的传记手法复活了父辈们的中国活动，并透过主人公们的个人命运，呈现了 20 世纪上半叶的中国风云和相关的世界图景。

在此之前，"中国通"们在美国已经被冷落了近半个世纪，很少有人了解他们的故事。彼得的这部开创性作品，内容丰赡，文笔灵动，精巧地融合了历史感、纪实性和文学性，出版之后备受推崇。旅居纽约的美籍华裔作家、评论家董鼎山先生，第一时间给弟弟——杰出翻译家董乐山寄了一本，董乐山爱不释手，希望早日介绍给国内读者，无奈已是重病之躯，于是建议李辉着手翻译。李辉长期担任《人民日报》文艺部高级编辑，也是知名作家，著有《萧乾传》《沧桑看云》《是是非非说周扬》《封面中国》等作品，散文集《秋白茫茫》获首届鲁迅文学奖。由他翻译，自是恰到好处。

呈现在我们面前的《走进中国——美国记者的冒险与磨难》，就是这样一部著译俱佳的文本。阅读这本书，跟随作者的叙述重访那段风云激荡的历史，何尝不是一次"冒险与磨难"。

延伸阅读：

1. 张功臣：《外国记者与近代中国》，北京，新华出版社，1999。

2. ［英］法兰奇：《镜里看中国：从鸦片战争到毛泽东时代的驻华记者》，张强译，北京，中国友谊出版公司，2011。

3. 张威：《光荣与梦想：一代新闻人的历史终结》，北京，清华大学出版社，2012。

56.《穆青传》

作者：张严平 著

出版信息：新华出版社，2005 年版

男的风流潇洒，女的光彩照人，做起事来一律风风火火，说起话来无不滔滔不绝，写起文章全都倚马可待……自从新闻记者成为一种体面的职业以来，这大约是人们对记者形象最为流行的想象了。

年轻时代的穆青也是这个看法，他因此排斥做记者。

1942 年，在延安的鲁迅艺术文学院，21 岁的穆青正陶醉在文学世界里，梦想成为一名作家。他禀赋很好，激情和诗性与生俱来，也很用功，读起书来废寝忘食，而且悟性颇高，常能心领神会。他的第一篇习作就被杂志录用，引起同学们欢呼雀跃——其中不乏贺敬之、冯牧、西戎、马烽等后来的著名作家，当时很少有鲁艺学员能发表作品。何其芳、天蓝、陈荒煤等师长们，也对穆青赞赏有加。看起来，一切顺风顺水。

一纸调令突然打断了穆青的作家梦。这年 7 月，离毕业还有 1 个月，系主任何其芳告诉他，《解放日报》点名要人，组织上已经同意了。上半年穆青曾去 385 旅实习，担任文化教员，战士们的学习劲头让他感动，于是顺手写了几百字的通讯投给了《解放日报》。此时恰逢《解放日报》改版，急需扩充采编力量，穆青立马被选中。

面对突如其来的变故，穆青表示万难接受，"决不去当记者"。何其芳、严文井、陈荒煤等文学系教师们，都被动员起来做他的思想工作，但无论怎么劝解疏导，穆青始终态度如一，就是要当作家。在穆青看来，还有一个难以逾越的"客观"障碍，他认为记者必须交游广泛、八面玲珑，而自己性格内向、沉默寡言，"不是当记者的料"。最终，院长周扬亲自出马，他告诉穆青，记者和作家并没有严格的界限，高尔基、爱伦堡都做过记者。至于性格，周扬以共产主义战士的标准激励穆青，"没有攻克不了的堡垒！"穆青动心了，第二天他就收拾行囊走进了清凉山。

许多年后，穆青成了一代名记者和新闻高官。不过他依然文静内敛，仍旧不善言辞。虽然官至新华社社长、中央委员、中顾委委员，但穆青还是拙于交际，不喜浮华，对于官场应酬始终呆板木讷。然而，一旦走向民间，来到老百姓周围，他就顿时"活"了，神采飞扬、周身通泰。在漫长的记者生涯中，穆青深深扎根人民群众之中，倾心报道普通人的生活和思考。身边数量最多、感情最深的朋友也并非达官显贵，而是中原大地上的农民。

穆青的经历告诉我们，对于一名出色的记者来说，性格、口才、容貌等外在因素远不是决定性的，内在的情感与立场更为关键。穆青是在延安成长起来的"新型记者"，这样的记者不是无冕之王，不是启蒙先知，而是人民的公仆，"密切地与群众联系，反映群众的情绪、生活需求和要求，记载他们可歌可泣的英勇奋斗的事迹，反映他们身受的苦难和惨痛，宣达他们的意见和呼声"。穆青无疑是延安"新传统"的坚定践行者，他曾作诗自况，"一片丹心向延安，风雨笔戈三十年"。临近晚年，穆青更是在不同场合反复强调"勿忘人民"的新闻伦理，告诫记者应该"堂堂正正，别无所求"。"人民记者"，这是对穆青的最高赞誉，他当之无愧。

在我们这个时代，媒体日益受控于市场逻辑，消费主义氛围弥漫天地间，乡村、底层、边疆日渐淡出新闻人的视野，像穆青这样与人民群众紧密相连的新闻知识分子更成凤毛麟角。正因为这样，今天的我们尤其需要了解穆青，从他的身上寻找"为人民服务"的信念与经验，以他为参照，反思当今的媒体状况和职业伦理。张严平的这部《穆青传》，称得上优秀读本。关于这部传记，在精神气质上与穆青颇为相通的范敬宜这样点评：

这部传记写了一个人、一个时代、一个崇高的灵魂；没有虚构或"合理想象"，尽可能地做到了事事有据；对穆青的功过是非作了实事求是的评价，不拔高，也不回避矛盾，使读者看到了一个真实的、有血有肉的穆青。它对目前传记文学中虚构、造假、拔高之风，以及"非黑即白""非是即非""非好即坏"的倾向是一种有力的冲击，令人耳目一新，可以说是开创了新风……毫不夸大地说，这是不可多得的一部作品，是当前传记文学中的上品。

延伸阅读：

1. 袁晞：《社论穿起来的历史》，北京，人民出版社，2009。
2. 吴冷西：《回忆主席与战友》，北京，人民出版社，2016。
3. 南振中：《南振中文集·我怎样学当记者》，北京，清华大学出版社，2017。

57. 《燕山夜话》（注释本）

作者：邓拓 著

出版信息：十月文艺出版社，2010 年版

《人民日报》自从 1948 年创刊至今（2016 年），历有 16 任总编辑，其中多属博学淹通之士。1993 年至 1998 年出任总编辑的范敬宜尤为超群绝伦，冯其庸赞他"诗、书、画一体，情、文、韵三绝"，季羡林更以"四绝"冠之，即诗、书、画无不精妙，且精通西学，"必是古人难以望其项背的"。

曾任《人民日报》副总编辑的散文家梁衡，断言该报历任总编之中，"论学识之富，笔耕之勤"，当数范敬宜和第一任总编邓拓，"自邓拓之后，其才学堪与其比者唯老范一人"。范敬宜的学识让"国学大师"叫绝，邓拓究竟如何呢？读一读《燕山夜话》就明白了。

20 世纪 60 年代初，全国各地陷入严重经济困难，首都居民的物质生活也极为匮乏，为了帮助人们共度时艰，时任北京市委文教书记的邓拓发出了多读书的倡议，"报纸要提倡读书，方能使人的精神振奋起来。多读书，才能开阔眼界，就不会斤斤计较"。邓拓亲身示范，接受《北京晚报》副刊部的邀请，以"马南邨"为笔名开设了《燕山夜话》专栏，从 1961 年 3 月至次年 9 月共发表杂文 153 篇，广受读者欢迎，1963 年由北京出版社结集出版。

《燕山夜话》以读史为主线，融知识性与趣味性于一体，正如开篇第一章所言，目的是要带领读者"领略一些古今有用的知识"。这些杂文显露了邓拓的渊博学识，从读书方法到人生理想，从古籍考辨、历史掌故到天文地理、农业科技，从书法、绘画、文学到谋略、机巧，邓拓旁征博引，挥洒自如，令人叹为观止。《燕山夜话》几乎每一篇文章都会引用古代典籍，可谓"无典不说话，非古不著文"。例如，《向徐光启学习》一文，短短千余字竟征引了多达 15 部古籍。明代东林党人顾宪成的对联"风声雨声读书声，声声入耳；家事国事天下事，事事关心"，正是因为邓拓在《事事关心》一文的引用变得家喻户晓。梁衡曾言"大新闻人必是大文化人，胸中自有八方之学"，邓拓堪称典范。

"文革"之初，姚文元炮轰《燕山夜话》使用春秋笔法，"指桑骂槐""黑话连篇""贯穿着一条反党反社会主义的黑线"，邓拓被称为"三家村黑店"的掌柜和总管。今天看来，姚文元的"文学批评"大多是政治构陷，他的责难并不顾恤上下文语境，而是寻章摘句，无限上纲——几乎是"用笔如刀"。不过，这并不是说《燕山夜话》只是纯粹的雅趣小品，有些篇什确实是借古讽今，对政治弊端和社会顽疾进行了辛辣的讽刺，具有很强的现实针对性，比如，《说大话的故事》《一个鸡蛋的家当》《爱护劳动力的学说》等名篇。从杂文艺术本身的规律而言，直面人生、大胆批评、嬉笑怒骂也是

鲁迅以来杂文的优良传统。熟悉那段历史的人都知道，在当时的社会情境下，这样的写作需要何等的智慧和勇气。

施特劳斯（Leo Strauss）区分过两种写作技艺：直白写作（exoteric writing）和隐微写作（esoteric writing），认为经典著作通常使用后一种方式，类似中国传统的"春秋笔法"或"微言大义"。对应起来，阅读方法也是迥然有别。特别是后者，需要训练有素的"高明"读者反复揣摩领会，施特劳斯学派正是以"读字缝"（reading between the lines）的文本细读方式闻名学林。关于《燕山夜话》，两种阅读方法各有所长，我们可以怀着松弛愉悦的心态，尽情品赏一代文人的才略学识；愿意刨根究底的人，当然也可以置身波谲云诡之中，联结彼时的历史情境、作者经历和心性、姚文元等人的批判等，细细体味邓拓的"隐微教诲"。

这是《燕山夜话》向读者发出的邀请，是一次学识和心智的挑战。

延伸阅读：

1. 范敬宜：《敬宜笔记》，北京，清华大学出版社，2011。
2. 梁衡：《人杰鬼雄》，北京，东方出版社，1999。
3. 徐泓：《大人物　小人物》，北京，人民出版社，2006。

58.《拉丁美洲被切开的血管》

作者：爱德华多·加莱亚诺 著，王玫 等译
出版信息：人民文学出版社，2001 年版

2009 年，在第五届美洲峰会上，《拉丁美洲被切开的血管》作为一个"礼物"被委内瑞拉总统查韦斯赠送给了美国总统奥巴马。于是，这本"失落"已久的关于拉美问题的名著再次进入了人们的视野。

"被切开的血管"——这个形象的题目就像一个谜语，吸引读者去解开拉美之谜。作者说："拉丁美洲是一个血管被切开的地区。自从发现美洲大陆至今，这个地区的一切先是被转化为欧洲资本，而后又转化为美国资本，并在遥远的权力中心积累。"因此，所谓"被切开的血管"，从字面上看，就是拉美的资源滋养了别人，但却变成对自己的诅咒。

这一切究竟是如何发生的？首先，当然是赤裸裸的掠夺："从新殖民地掠夺来的贵重金属刺激了欧洲的经济发展，甚至于可以说，使欧洲的经济有可能得以发展。""这笔巨额资本为向欧洲投资创造了有利的条件，刺激了'企业精神'并直接用来建立大大推动产业革命的工业。"正是在这个意义上，"美洲是一宗欧洲的买卖"。

其次，更为重要的是资本主义"世界市场"所确立的主导与依附的结构。在这种"公平"的世界贸易结构下，西方和拉美的分工就像——用作者的话来说——"骑士和马"的分工一样。这种单向服务于西方的畸形经济结构，破坏了原有的文明和社会，给拉美自身的发展带来了灾难性的影响。作者描述说："矿业经济的确立带来比战火和流血牺牲更严重的后果。矿区造成人口大规模的迁徙和村社农业单位的解体，强迫劳动不仅毁灭了无数的生命，而且间接地摧毁了集体耕作制。"开发大片的种植园的后果也是如此："在放火烧荒开辟甘蔗田的同时毁坏了树木，也消灭了林中的动物……植被、植物和动物都在单一作物的祭坛上成为甘蔗的牺牲品。大面积的生产很快耗尽了土地的肥力。"

由于进入"世界市场"是被迫的，拉美在世界秩序中始终处于一种"客体"的地位，这就使拉美的命运并不属于它自己："凡是参与世界市场的地区，都经历过一个生机勃勃的周期，然后，由于代用品的竞争，由于土地的衰竭或由于出现了条件更好的地区，便出现了衰落现象。随着时间的推移，贫困的文化、维持生计的经济和停滞不前的状态成了为原先的生产发展付出的代价。""在（哥伦比亚的）安蒂奥基亚省，连婚姻的曲线也完全随着咖啡价格的曲线上下波动……在安蒂奥基亚山坡上，甚至连表白爱情选择什么时机也要取决于纽约交易所的行情。"最后的结局往往是，"一种产品越是受到世界市场的青睐，它带给为生产这种产品而作出牺牲的拉美人民的灾难也就越大"。

发展是遇难者多于航行者的航行。正是这种残酷的压榨，以及压榨所带来的极端扭曲的结构和文化，造成了今天拉丁美洲，甚至整个发展中国家难以实现真正的发展。另外，西方的经济学家们又编织了"中等收入陷阱"等名词，将所有责任归于发展中国家自身。

拉美文学素有魔幻现实主义的传统，而种种在西方人看来的"魔幻"，其实却是当地人所经历的世界本身——《百年孤独》里描写了一个爱"吃土"的小女孩贝丽卡，而加莱亚诺告诉我们，这不过是"从殖民时期就传下来一种至今仍然存在的习惯"，"缺铁造成贫血，东北部孩子们经常吃的是土薯粉和菜豆，碰运气还可以吃一些干腌肉，由于这种食品缺少矿盐，孩子们出于本能，就吃泥土来弥补"。或许正是由于这种原因，拉丁美洲最著名的作家往往出身于离现实最近的记者：《百年孤独》的作者加西亚·马尔克斯如此，本书的作者爱德华多·加莱亚诺也是如此。

延伸阅读：

索飒：《丰饶的贫困——拉丁美洲笔记》，昆明，云南人民出版社，1998。

59. 《人类群星闪耀时》

作者：斯蒂芬·茨威格 著，舒善昌 译
出版信息：广西师范大学出版社，2004 年版

　　如果说黄仁宇的《万历十五年》描述的是平静的历史之海下的潜流，那么，茨威格的《人类的群星闪耀时》就是最耀眼的历史闪电。历史不只是潜流，它之所以成为历史，就在于有那么多突然迸发的群星凝固了时间，改变了时代的路径。

　　作为一名著名作家，茨威格的与众不同之处在于，他不但擅长撰写各种诗歌、小说（例如，因被改编成电影，而为中国人所熟知的《一个陌生女人的来信》），他更喜欢以他自己的方式来描绘这个伟大的时代以及时代中的杰出人物。除了《人类的群星闪耀时》，茨威格还写过《三大师》，他另外一本带有一定自传性质的《一个欧洲人的回忆》，则对世界大战前的欧洲作出了极为详尽的描绘。令人扼腕的是，茨威格一生都热爱这些宏大事件，也始终起伏在这些其他几代人都未曾经历的大事件的波涛中。1942 年，茨威格在逃离纳粹的途中，怀着对世界、甚至人类前途的绝望，和妻子一起双双在巴西自杀。

　　"一个真正具有世界历史意义的时刻——一个人类群星闪耀时刻出现以前，必然会有漫长的岁月无谓地流逝而去，"茨威格在书中说，"不过，诚如在艺术上一旦有一位天才产生就会流芳百世一样，这种具有世界历史意义的时候一旦发生，就会决定几十年甚至几百年的历史进程。"1942 年，"二战"正酣，希特勒、墨索里尼、东条英机，历史的天空在那里不知该呈现着一幅怎样的样貌。这让人想起梁漱溟的问题："这个世界会好吗？"遥想彼时彼地的茨威格，一定会更深地感受到整个世界经历的黑暗。无论如何，或许越是漫漫黑夜，群星就越能给人以希望和梦想。茨威格的"群星"虽然没能留住他自己高洁的生命，却向整整几代人传递着希望和力量。

　　在这里，我想从极其不同的时代和地区回顾群星闪耀的某些时刻——我这样称呼那些时刻，是因为它们宛若星辰一般永远散射着光辉，普照着暂时的黑夜。但我丝毫不想通过自己的虚构来增加或冲淡所发生的一切的内外真实性，因为在那些非常时刻，历史本身已表现得十分完全，无须任何后来的帮手。历史是真正的诗人和戏剧家，任何一个作家都别想超过它。

　　茨威格这本"真实"的历史特写共有 12 篇，其中，有首先发现太平洋的西班牙探险家巴尔沃亚，有随着君士坦丁堡被土耳其人最终攻陷而灭亡的东罗马帝国也有西方音乐大师亨德尔和他的清唱剧《弥赛亚》及谱写出《马赛曲》的"小人物"鲁热；有拿破仑的"滑铁卢"，有被爱情刺伤而终获拯救的老年歌德，也有面对行刑队而侥幸被赦的陀思妥耶夫斯基及出走的列夫·托尔斯泰；有铺设横跨大西洋第一条海底电缆

的实业家菲尔德；有因为拥有旧金山而家破人亡的苏特尔，也有在征服南极的事业中失败的斯科特以及1917年从德国匆匆返回的列宁。

虽然忠于历史，但作为一名文学家的茨威格却以他独有的方式来向他所叙述的人物致敬——写作陀思妥耶夫斯基时，茨威格用的是叙事诗（《英雄的瞬间》）；描述列夫·托尔斯泰时，茨威格则写作了一个剧本（《逃向苍天》）。这不仅仅是历史，也是一个叫茨威格的星星与其他星辰之间永不停息的辉映。

延伸阅读：

1. ［美］约翰·里德：《震撼世界的十天》，李娜等译，长春，时代文艺出版社，2015。
2. ［捷］伏契克：《绞刑架下的报告》，姚能新译，芜湖，安徽师范大学出版社。

60. 《在乌苏里的莽林中》

作者：阿尔谢尼耶夫 著，王士燮等 译
出版信息：人民文学出版社，2005年版

清晨，太阳从东方冉冉升起，它宛若活物一般，先露出一线光华，继而挣脱地平线，缓缓爬上高空。

"多么美丽啊！"阿尔谢尼耶夫发出一声惊叹。

"他是最重要的人，"德尔苏·乌扎拉指着太阳回答，"如果他死了，周围一切都死了。"德尔苏沉默片刻接着说："地也是人，他的头在那边，"德尔苏指向东北方，"脚在那边，"又指了指西南方，"水和火也是很厉害的人，他们若是死了，一切也都完了。"

——这段对白出自《在乌苏里的莽林中》。德尔苏·乌扎拉是赫哲族人，他们世代居住在乌苏里江两岸的苍莽丛林里，以渔猎为生，信仰萨满教的"泛灵论"（animism，又名"物活论""万物有灵论"）。在德尔苏的眼里，世界上的一切都是"人"，太阳、土地、水、石头、树木，更不必说貉子、獾子、乌鸦、老鼠、蚂蚁，"深山老林，各种各样的人，有的是"。因为都是"人"，所以要一视同仁，互相关爱、和谐共处。

这样一种彻底的齐物平等的世界观，在"现代人"看来，即便不是愚昧、原始、落后，至少也有些稀奇古怪。自"文明"发端以来，拥有理性、主体性的人（仅指"智人"，Homo sapiens）才是地球的唯一主人，所谓"人是万物的尺度"，征服自然、驯服其他物种则是这种理性伟力的实践和体现，具有毋庸置疑的合法性。如此一来，一部现代化的历史，也就成了人类通过理性征服自然的历史。生活在当今这个时代，不论知道与否，不管承认与否，在某种程度上我们都是这种"人类中心主义"世界观的继承人。

《在乌苏里的莽林中》结尾处，德尔苏进城了，在现代都市里他寸步难行，孤独憔悴，最后惨死于强盗之手。这是一个悲剧性的隐喻。按照阿尔谢尼耶夫的讲述，德尔苏是在1908年遭遇"新的生活环境"。如今，一个多世纪过去了，这个世界更加现代化，一日千里，突飞猛进，如果德尔苏重返人间又会怎么样？设想一下，德尔苏撞进了一个标准化的养殖场，这里的主业是生产鸡蛋，德尔苏看到成千上万只母鸡蜷缩在鸡舍里，倒是衣食无忧，甚至营养过剩，但它们憋屈极了，一格一格的鸡舍只有巴掌大，在里面无法拍动翅膀，甚至站立起来都很困难，它们的一生就如此度过。这还算幸运的，不健康的母鸡和所有的公鸡，因为不符合高效产蛋的目标，一生下来就被丢到输送带上，直接送进垃圾堆让它们互相挤压致死，或者送到毒气房窒息而亡，然后用搅碎机摧毁。

看到这样的恐怖场面，德尔苏估计是要疯掉的。在他的世界观里，这些伙伴们，这些"人"，应该生活在广阔的草原或森林里，虽然偶尔食不果腹，尽管有时命丧天敌之口，但也可以优哉游哉，漫步玩耍。这让我们想起伟大的哲人尼采，1889 年 1 月 3 日，尼采在都灵的某处广场上散步，看到一个车夫正在鞭笞他的马，尼采冲上前去厉声呵斥，搂抱着马的脖子痛哭流涕，直到晕厥在地。此后，尼采的心智几乎消失了，一年半之后巨星陨落。关于尼采发疯的缘由，历来见仁见智，但无论如何，都灵广场上的一幕永远令人动容。

　　在这部探险记中，作者阿尔谢尼耶夫以清新自然的笔触，描写了乌苏里地区考察的见闻和感受，尤其是通过德尔苏·乌扎拉这个"森林之子"的生动形象，把人与自然、野蛮与文明、传统与现代等问题摆到读者面前，发人深省。作者在书中有过这样一段剖白："我对这个人观察得越深入，就越喜欢他。每天我都在他身上发现新的优点。过去我以为，野蛮人特别自私，而人道、仁爱、关心他人利益等感情只有欧洲人才有。我莫非错了？"

　　这是一个"文明人"的内省。我们这个世界难道不应该反思吗？

延伸阅读：

1. ［以］赫拉利：《人类简史——从动物到上帝》，林俊宏译，北京，中信出版社，2014。

2. 迟子建：《额尔古纳河右岸》，北京，人民文学出版社，2013。

3. 刘亮程：《在新疆》，杭州，浙江文艺出版社，2013。

61. 《混沌——开创新科学》

作者：詹姆斯·格雷克 著，张淑誉 译
出版信息：高等教育出版社，2004 年第一版、2014 年第二版

给新闻传播学子推荐阅读数理化学科的著作会不会有一种"牛不饮水强按头"，出力不讨好之嫌？《混沌——开创新科学》就是一本物理学领域的科普著作。然而，请你先不要拒绝，因为这本书是一部图文并茂的报告文学，作者以鲜活的文笔向读者讲述了混沌理论的提出与发展，科学家们超乎常人的敏锐、执着和创造力，以及他们在追寻真理过程中的沮丧和欢欣。

《中国大百科全书》74 卷（第二版）《物理学》中对词条"混沌"的解释是：混沌（Chaos）是指确定性动力学系统因对初值敏感而表现出的不可预测的、类似随机性的运动，又称浑沌。"混沌"的英语词 Chaos 源于希腊语，原始含义是宇宙初开之前的景象，基本含义主要指混乱、无序的状态。作为科学术语，"混沌"特指一种运动形态。在《混沌——开创新科学》中作者这样描述"混沌"："混沌"是指看来遵从确定规律的事物也会显现超乎想象的繁复多样，只要有些细微的条件差异，就会导致令人瞠目结舌的不同结果。混沌现象在人们的生活中无处不在！上升的香烟柱破碎成缭乱的旋，旗帜在风中前后飘拂，水龙头滴水从稳定样式变成随机样式……混沌现象出现在大气和海洋的湍流中，出现在飞机的飞翔中，出现在高速公路上阻塞的汽车群体中，出现在野生动物种群数的涨落、心脏和大脑的振动以及地下管道的油流中。作者还引用科学家的话，认为"混沌理论"是继相对论和量子力学问世以来，20 世纪物理学的第三次革命。第一次革命"相对论"排除了对绝对空间和时间的牛顿幻觉；第二次革命"量子论"排除了对可测量过程的牛顿迷梦；第三次革命"混沌论"则排除了拉普拉斯"决定论"的可预见性的狂想。其实"混沌理论"的实践运用与我们现今的生活并不遥远，例如，中长期的天气预报、社会生活中的"蝴蝶效应"等都与它直接相关。

本书作者詹姆斯·格雷克是毕业于哈佛大学的美国著名科普畅销书作家，他曾在《纽约时报》担任编辑及记者 10 年，主要从事科技新闻采写并主持科技专栏，出版了很多十分畅销的科普著作，其中《混沌》《费曼传》《牛顿传》及《信息简史》多次获得美国国家非文学类图书奖提名。为了写作本书，格雷克采访了大约 200 名有关的科学家，书中记述的都是真人真事。作为一名记者，作者写作本书的态度非常严谨，原书后面附有 24 页小字排印的说明，给出了正文中几乎每一处重要概念或引文的出处。同时，格雷克深谙科技传播的理念与技巧，通过列举生活事例说明、比喻或类比、对比、图示、引用直接引语、讲故事、"第二次翻译"等多种手段，力求使本书通俗易懂，总之，作者在写书时心中想着的是普通的没有专门学习过高等物理学的读者，并

力争让他们能够读懂"混沌理论"。

本书中文版的校译者，中国科学院理论物理研究所郝柏林院士在《校者前言》中特别写道，"我劝年轻的读者看一看第 10 章里描写的 4 位研究生，怎样在没有导师、没有经费的情况下，同其他地方的年长科学家一道成为新领域的开拓者"。事实是这样的，美国加州大学的 4 位研究生放弃了导师们为他们铺设好的获取博士学位的常规之路，在没有导师、没有经费的情况下，钻在地下室里凭借摆弄一台废旧的模拟计算机，终于成了"混沌理论"开创者的成员并蜚声学界。詹姆斯·格雷克在描述这几位研究生的工作时，写下了如下一段话："物理学家的教育基于一种师徒关系。成熟的教授们找一些研究助理来帮助做实验工作或冗长的计算。作为报答，研究生和博士后们从教授的经费中分一点钱，并分享一些发表论文的荣誉，好的导师帮助学生选择既可行又可能出成果的课题。如果这个关系成功，教授的影响还可以帮助徒弟找到职业，他们的名字常常会永远联在一起。然而，当一门科学还不存在时，很少有人准备讲授它。1977 年混沌方面没有导师，没有混沌课，没有非线性和复杂系统的研究中心，没有混沌教科书，甚至没有混沌期刊。"这 4 名当年加州大学的研究生如今早已成为"学界大牛"，他们当年自愿选择做"学术流浪汉"而放弃了已经在眼前的常规成才之路，我们可以称赞他们独具慧眼、勇于冒险，但更应称赞并学习的应该是他们对科学研究的执着与坚韧，在《混沌——开创新科学》中，这样令人肃然起敬的科学家还有许多。

延伸阅读：

侯歌："酷科学丛书"，北京，北京出版社，2010。

62.《巴黎烧了吗?》

作者:拉莱·科林斯、多米尼克·拉皮埃尔 著,董乐山 译
出版信息:译林出版社,2013 年(第 2 版)

　　新闻被称作"讲故事的艺术",《巴黎烧了吗?》就是一部"讲故事"的经典作品。如果你是一名记者而总是苦于采写的新闻作品生动不足,如果你是一名新闻学专业的学生正在探寻新闻采写的"绝活",那么,这本书可以给你一些灵感,带你走进新闻"讲故事"的"艺术"殿堂。

　　《巴黎烧了吗?》生动而又详细地描绘了 1944 年 8 月解放巴黎的战斗全过程。两位作家拉莱·科林斯和多米尼克·拉皮埃尔分别是美国《新闻周刊》和法国《巴黎竞赛》的记者。1944 年 6 月 6 日,盟军在诺曼底登陆以后,向法国的德占区纵深地带长驱直入,先锋部队已兵临巴黎城下,巴黎解放指日可待。为了配合盟军进攻,巴黎市内的抵抗运动已经作好了起义的准备,但就在这剑拔弩张的 8 月的一个夜晚,盟军派一名谍报人员紧急通知巴黎抵抗运动的各个地下组织暂停发动起义,原因是盟军要节省为解放后的巴黎 200 万居民运送生活必需品而耗费的汽油,把它用在更加急需的攻打德国本土的大军身上,由此他们决定暂不解放巴黎。这样,在盟军与德军之间、德军与抵抗运动之间、抵抗运动各派别之间,展开了一场紧张、激烈而又复杂的斗争。"巴黎烧了吗?"是纳粹德国头子阿道夫·希特勒于 1944 年 8 月 25 日巴黎解放的那天,在东普鲁士一个叫"狼穴"的地堡里,向他的总参谋长气急败坏地提出的责问。此前不久,他派爆破专家到这个世界上最美丽的城市去埋设地雷和炸药,打算在万一失守时实行焦土政策,把整个巴黎连同它的许多具有历史意义的辉煌建筑和艺术宝藏统统付诸一炬,夷为平地。以上就是《巴黎烧了吗?》给我们讲述的故事的背景和主要内容,毫无疑问,这个故事中的人物形象众多,情节惊心动魄,场景纷繁复杂,意义耐人寻味。那么,作者是如何向我们讲述这个"浩大"的故事的?

　　首先,秉承新闻的真实性原则,深入采访。《巴黎烧了吗?》是一部报告文学,在西方也被称为非虚构作品,从本质上讲它是"新闻"而不是"文学",报告文学之所以不是小说而是新闻作品,最核心的特征就是其中的人物、场景、时间、地点、情节都必须是真实的而不能是虚构的。而好的故事必须要有栩栩如生的人物、生动的细节、变幻莫测的情节,既然它们不能被虚构,就要求记者要深入采访,通过"深入、深入,再深入""核实、核实,再核实",为讲故事构筑起坚实的事实材料基础。因此,新闻业界有句行话"好新闻不是写出来的而是'跑'出来的"。《巴黎烧了吗?》的作者就是通过扎实的采访和全面的资料收集与研究才为我们奉献出这样一部传世的新闻经典之作。他们在作品的史实方面力求翔实,花了将近 3 年时间搜集材料,翻阅了美、法、德三方面的军事档案,采访了上至艾森豪威尔、戴高乐高级助手、肖尔铁茨,下

至法、美、德军普通士兵和巴黎市民达 800 多人，采用了其中 536 人的亲身经历，因此使这部作品做到了事事有数据，人人有下落，句句有出处。

其次，娴熟运用"讲故事"的艺术，精心写作。清华大学教授李希光先生认为："新闻记者的核心任务是做好邮递员，准确无误地传送信息。但是，传递信息的新闻报道仅仅是完成了记者的一半工作，另一半工作是在这篇报道里讲一个能深入读者或听者灵魂的好故事。"《巴黎烧了吗?》显示出了作者娴熟的"讲故事"艺术，语言平实、具体、生动，较少使用形容词，注重描述细节、人物心理、场景氛围，巧妙使用直接引语，合理交代事件背景，故事结构紧凑，读后使我们油然产生"于无声处听惊雷"之感。我们来看一个例子，以细节描述为例，盟军之所以推迟解放巴黎就是要节省为解放后的巴黎 200 万居民运送生活必需品而耗费的汽油，作者在讲述巴黎被德军占领物资匮乏的情况时，是这样描述的："巴黎是座几乎没有煤气和电力供应的城市。巴黎的家庭主妇学会用 10 加仑装的油桶焊接在一起的炉子上做饭，用的燃料是把报纸捏成纸团，然后泼上水。这样耐烧一些。有一家百货公司做广告说，6 页报纸可以在 12 分钟之内烧开 1 公升的水。""尤其是，巴黎是座饥饿的城市。它成了世界上最大的农村，每天早晨都有公鸡把它叫醒。它们到处啼晨，在后院里、屋顶上、阁楼和空房里，甚至放扫帚的壁柜里——总而言之，凡是几百万挨饿的市民能够找到可以养鸡的寸尺之地，都能听到它们在啼晨。每天早晨都有小孩子和老妇人偷偷地到公园早割几把青草回来喂他们养在洗澡缸里的兔子。"读至此处，我们会不由感叹，恐怕用再多的战时巴黎经济、民生数据也不敌这两段细节描写更能让读者真切地感受到当时物资匮乏的窘境，同时，我们也会理解盟军为什么仅仅为了"汽油"问题而推迟解放巴黎。

本书的译者董乐山先生也是让这本书在中国读者中"增色"的重要因素。董乐山先生是著名的翻译家，从事新闻工作多年，1950 年后历任新华社参编部翻译、审稿，其间在《参考消息》工作了 8 年，《参考消息》的报头题字也是经他再三斟酌选定鲁迅先生的手迹，经过几十年的风风雨雨，一直沿用至今。"文革"后他历任中国社会科学院美国研究所研究员、研究生院美国系主任等职。他翻译的许多新闻传播领域的著述都成为本学科的阅读经典，如记述希特勒的崛起和灭亡的《第三帝国的兴亡》、斯诺在陕北的记录《西行漫记》、实录 1932—1972 年美国社会变迁的《光荣与梦想》以及传播信息革命的《第三次浪潮》等。如果读者有兴趣将《巴黎烧了吗?》的英文原版与董乐山先生的翻译版进行比较阅读，你就会体味到董乐山先生毕生追求"信、达、雅"的高超翻译艺术境界。

延伸阅读：

1. [美] 杜鲁门·卡波特：《冷血》，夏杪译，海口，南海出版公司，2010。
2. 刘鉴强：《天珠：藏人传奇》，拉萨，西藏人民出版社，2009。

63.《诤语良言——与青年记者谈新闻写作》

作者：刘其中 著

出版信息：新华出版社，2003 年版

　　中国新闻史上第一个因采写新闻通讯而负盛名的记者、民国初年新闻界的巨擘之一黄远生在回顾自己的新闻生涯时认为，新闻记者应该有"四能"：即"脑筋能想""腿脚能奔走""耳能听""手能写"。"手能写"主要是指记者要有过硬的新闻写作本领。对于初学者，能够找到一本新闻写作理论与实践俱佳的入门指导书会少走不少弯路，刘其中教授的《诤语良言——与青年记者谈新闻写作》就是这样一本书。书中引述了数百条新闻和特稿，分析其成败优劣，并探讨改进方法。如果青年记者、编辑希望迅速提高新闻写作水平，本书提供了不少诤语良言。

　　曾任香港树人学院新闻系主任的刘其中教授是一位资深新闻人，1978 年，他考入中国社会科学院研究生院新闻系，成为改革开放后中国外宣战线"黄埔一期"中的一员，后赴美国密苏里大学新闻学院研究生部进修。在新闻职业生涯中他曾经担任过新华社高级记者、新华社联合国分社社长、新华社体育部主任、中国特稿社社长、新华社对外部副主任和《中国日报（香港版）》副总编辑。本书是一部作者集数十年新闻工作和理论研究，专门写给青年记者、编辑以帮助他们掌握新闻写作理论和技巧的经验之作、心血之作，与一般的新闻写作教材相比，这部书呈现出"解剖麻雀，逻辑严密""以往鉴来，实用创新"之特点。

　　如果把新闻写作比作一只麻雀，青年记者、编辑能够娴熟解剖这只麻雀并熟知其"五脏"的位置、机理，那也就掌握了写作的基本技能。本书作者认为，新闻写作的关键首先是要写好新闻的导语，其次，是写好新闻的主体，也就是构成此一新闻的诸多新闻事实。最后，要处理好新闻中的"过渡"，其中包括导语与新闻主体之间以及前一新闻事实与后一件新闻事实之间的过渡，用好与新闻主题有关的直接引语。对一般读者不甚了解的新闻事实，还必须提供必要的背景，对隐藏在新闻背后的疑点、难点、内涵及意义进行必要的解释。根据这一思路，本书的基本结构就是"导语、主体、过渡、引语、背景和解释"。寥寥数语，作者解剖了新闻写作这只麻雀的"五脏"，尽管这并不是什么高深的理论建构，但是作者正是用"解剖麻雀"的方式逻辑严密地给我们分析了新闻写作的基本要素并依照这个结构阐释了自己的经验之谈。

　　本书书名《诤语良言——与青年记者谈新闻写作》中"诤语""良言"在词典中的解释分别为"直率地规劝人改正过错的话""有益的话"。在本书语境中，作者的意思是直面新闻作品中出现的各种问题，通过分析"教训"来掌握新闻写作的技巧，正如刘其中教授在本书前言中所说，本书"以败笔而不是以范文作为评述的主要对象""虽然上乘之作和有待完善的稿件都属珍贵的遗产，但失败的教训较之成功的经验能够给人以更多的启迪，使后来者能避免前人走过的弯路，以更快的速度攀登专业的巅峰"。因此，"以往鉴来，实用创新"成为这本书与同类其他著作相比显著的特点，以至于清华大学李希光教授在读完本书后写下的读后感长文开头就写到，"读了《诤语良言》，我的第一个感觉是：如果我是一家中国新闻媒体的总编、制片、主笔、记者、编辑，我可能会汗颜，不敢回头看看自己策划的、签发的、主笔的、采写编辑的那些不专业的新闻报道"。在本书中，我们会读到很多媒体上已经刊载的存在诸多问题的新闻作品，作者比照新闻精品标准对这些问题进行了深入剖析，并时刻提醒青年记者、编辑要"吃一堑，长一智"。同时，作者对国内新闻媒体在新闻写作方面存在的具有普遍性的问题也一一指出，"为'直接引语'呐喊""中国记者对直接引语敬而远之""当心那些'公关材料'""导读和导向""耸人听闻是大忌""花哨，但并不'美丽'""写新闻每次都应提供'详细的注释'""不快，就没有新闻""短新闻难写，但是好看""是专家，也应该是通才"……这些都是本书中的小标题，是诤语良言，也是一个资深新闻人的经验之谈。

延伸阅读：

丁法章：《当代新闻评论教程》（第五版），上海，复旦大学出版社，2012。

64.《对外传播学初探》（增订本）

作者：段连城 著

出版信息：五洲传播出版社，2004 年版

　　《对外传播学初探》（增订本）是中华人民共和国对外宣传领域的第一本学术型专著。"我们同外国人交往时，怎样才能避免误解？怎样才能帮助外国人更好地了解中国和中国人民？这就是本书要探讨的主要问题。"本书的作者段连城先生在前言中开宗明义告诉了读者写作此书的主旨。

　　在当今中国，讲好中国故事、传播好中国声音、提升国家文化软实力、提高中国国际话语权，这些理念对于新闻传播学人早已耳熟能详，然而，在 20 世纪 80 年代的中国，对外宣传对于很多人来说还是一个有点陌生的概念。1986 年，段连城先生应邀为北京大学国际政治系文化交流专业研究生开设"对外传播"课程，他以自己常年从事外宣工作的丰富经验以及早年美国求学的亲身感受写下了课程讲稿。1988 年，以讲稿为基础，段连城分别用中文和英文写出了本书的第一版，并由今日中国出版社出版了汉英合编本，1993 年又以《怎样对外介绍中国》为书名由中国对外翻译出版公司再版。《对外传播学初探》既保留了 1988 年汉英合编本的中文部分，又增录了 1987 年后作者有关对外传播研究的重要著作，内容更为丰富。

　　这是一本"大家"的"大手笔"之作。段连城先生是中华人民共和国外宣工作领域一位名副其实的"大家"，他青年时期负笈重洋，在中华人民共和国诞生之时毕业于美国密苏里大学新闻学院，随即满怀爱国热忱回到祖国投身于中华人民共和国外宣工作。他是中华人民共和国第一本英文刊物《人民中国》和它的后继者《北京周报》的主要创办人之一，这两本刊物在一个相当长的历史时期里在世界范围内发挥着"中华人民共和国发言人"的作用。20 世纪 80 年代前半期，他主持中国外文出版发行事业局的工作并担任中央外宣小组成员，直接参与见证了改革开放后中国外宣政策的制定与调整。因此，阅读这本书，我们读到的不仅仅是诸如与外国人沟通要注意提供背景知识、懂得幽默感与人情味、多用妙语警句等传播技巧，更是一个学贯中西的外宣"大家"对跨文化沟通和大国外宣深邃的思考。例如，作者在书中言简意赅地揭示了塑造国家形象的两个要点：首先，树立的形象必须真实。对外宣传无非是为国家画像，美丑根本上取决于国家本身。我们当然应该善于发掘和表现本质上的美，但不能夸张和"创作"。其次，树立的形象必须独特。由于我们在改革中吸收西方的各种长处（这是必要的），宣传上曾有过一些对西方过分"认同"的现象。有些西方朋友说："如果你们总是讲些同西方社会一样的事，你们就失去了吸引力。"……中国形象的独特

之处就在于它，一是社会主义，二是具有中国特色的社会主义，它正在建设一个新的世界，培育着一代新人。直到今天，读至此处我们依然会感叹这两点看似寻常，却构成了新闻传播包括对外传播的支点与命脉。

这是一本充满大智慧的"小书"。这本书的正文只有 143 页，如果没有沈苏儒先生的增补，也许它永远只是一本正文只有 143 页的"小书"。但是，"山不在高，有仙则名""书不在厚，有料则重"，这本"小书"充满了大智慧，而且作者如演讲般娓娓道来，深入浅出地将自己的大智慧讲述给读者听，仿佛把我们带入了当年北京大学国际政治系的课堂。例如，讲到"中国国际形象的历史演变"，他将从古到今（至 20 世纪 80 年代）西方人心目中的"中国形象"依照历史顺序形象地概括为 9 个：光辉灿烂的中国、莫测高深的中国、"劣等民族"的中国、大有希望的中国、"有办法"和"蓝蚂蚁"的中国、疯狂暴乱的中国、田园诗画的中国、"苦海余生"的中国、伟大实验中的中国。这"9 个中国"的背后是历史的沧海桑田，是列强的豪取强夺，是冷战的政治偏见，也是中国人的辉煌、苦难、光荣与梦想。

这也是一本"友谊"之书。1998 年 12 月 20 日，段连城先生因病逝世，他的老友沈苏儒先生在本书的后记中写道，"1994 年以后，他积劳成疾，久治不愈。不眠不休地战斗了一辈子的'老兵'（他离休后喜以此自称），一旦被迫投闲置散、缠绵病榻，他内心的痛苦和不安是不难想象的"，段连城"是在没有花圈、没有哀乐、没有任何仪式的静穆中悄然离去的。为他送行的只有他深爱的妻女"。于是，作为和段连城共事 40 年，晚年又比邻而居的老友，沈苏儒先生自告奋勇承担了本书增订书稿的整理收录工作。因此，本书得以由 143 页增至 321 页，我们也能够更完整地阅读到段连城先生的外宣思想。而沈苏儒先生也是中国著名的翻译家、中国外文局资深外语专家，他因友谊而"加盟"本书，使得这部本来已是充满大智慧的"大家"之作更加厚重。

延伸阅读：

1. 马胜荣：《描述世界：国际新闻采访与写作》，北京，新华出版社，2004。

2. 黎信：《英语对外新闻报道指南》，北京，外文出版社，2009。

3. ［美］布隆代尔：《〈华尔街日报〉如何讲故事》，徐扬译，北京，华夏出版社，2006。

65. 《叫魂——1768 年中国妖术大恐慌》

作者：孔飞力 著，陈兼、刘昶 译
出版信息：上海三联出版社，1999 年版，2014 年再版

《叫魂——1768 年中国妖术大恐慌》是美国汉学家、历史学家孔飞力的代表作。这部书不仅栩栩如生地描绘了当时中国的社会状态和心态，而且也在一定意义上揭示了传统中国的传播网络。

孔飞力曾师从费正清、史华慈教授在哈佛大学学习中国近代史并获得博士学位，后来任哈佛大学费正清研究中心主任，被认为是美国第二代汉学研究的领军人物。他的著作主要有《中华帝国晚期的叛乱及其敌人：1796—1864 年的军事化与社会结构》《叫魂》《中国现代国家的起源》《故乡：海外华人历史的思考》等，每一本书之间间隔都很长，但每一本著作问世都引起轰动，是学术界名副其实的"十年磨一剑"的佳作。孔飞力是美国汉学界"中国中心观"的代表人物，他反对的正是其导师费正清所倡导的"冲击—反应"论。后者认为西方对中国的冲击、中国对冲击的反应，是 19 世纪以来中国历史变化的根本内容和动力，而"中国中心观"则强调从中国历史内部的发展来寻找转型变化的原因。美国学者柯文在 1984 年出版的《在中国发现历史：中国中心观在美国的兴起》一书中指出，孔飞力的研究几乎体现了当时美国史学新思潮、新取向的所有特点，是"一种植根在中国的而不是西方的历史经验之中的史学"。

孔飞力精通中文，中国访学者龚咏梅曾经这样回忆孔飞力上课时的情景："孔飞力上课一般只写中文字，而且只会写繁体字，有时候写的过程会突然卡在那里，疑惑地端详着那些字，因为它们往往可能少了点笔画，或是缺了个口，或少了条腿。先生也觉得这字有点不对劲，可就是想不起来该如何改正，这个时候他的学生们就会善意地笑笑，然后告诉他哪儿不对。做老师的就立即明白过来，冲着学生们摇一下头，叹口气说：'哎，都怪敲键盘敲多啦！'"而他的中文名字"孔飞力"，从某种角度上说也是一场可爱的误会，他的汉名原来叫"孔复礼"，之所以在大陆的名字成为"孔飞力"，根据他自己打趣的说法是他在 1979 年 6 月初次访问中国大陆的经历使然，正是这次访问最后诞生了《叫魂》，不过一个副产品让他得到了"孔飞力"这个名字。原因是，中国当时虽然"文革"已经宣告结束，但余烬犹炽，顶着"孔复礼"这个名字，当然很容易让人联想到"批林批孔"运动中"孔老二"的一大罪状"克己复礼"，于是他的中国同行半开玩笑地劝他把名字改成不那么"孔老二"的"孔飞力"，面对如此好意，孔氏欣然从命。

"叫魂"是一种特定的妖术，叫魂者声称通过发辫、衣物乃至姓名可以盗取人的

灵魂来为自己服务，而被盗者会立刻死亡。1768 年，清乾隆三十三年，大清朝正经历着其蒸蒸日上的"盛世"，"叫魂"的妖术恐惧突然在中国爆发。这一妖术恐惧从大清帝国最富庶的江南发端，沿着运河和长江北上西行，迅速地席卷了大半个中国，从春天到秋天的大半年时间里，整个帝国都被这妖术恐惧地行动起来：小民百姓忙着寻找对抗妖术、自我保护的方法，各级官员穷追缉拿流窜各地频频作案的"妖人"，而身居庙堂的弘历皇帝则寝食不安，力图弄清叫魂术背后的凶险阴谋，并不断发出谕旨指挥全国的搜捕。至少在弘历皇帝心中，"辫子"是清王朝最为鲜明的种族意象，叫魂术中的"剪辫"虽看起来并无这种意图，但是这一符号在凝聚种族情感、制造社会动乱方面的强大力量仍然是不可小觑的。

　　不同学科的学人对《叫魂》会作出不同角度的解读，据说孔飞力写作《叫魂》最初源于对清政府内部通讯体系的关注与研究，但最终体现的，是作者对于"政治权力限度问题"的关心。如果从传播学角度阅读这本书，读者不妨带着以下问题去品读：书中记述的清王朝中官方和民间的传播系统是如何运行的？自古以来就绵延不绝的巫术、谣言伴随着怎样的"攻心术""洗脑术"？"叫魂"的传播与当代的邪教传播、传销传播有无"异曲同工"之处？弗论古今，作为社会子系统的传播系统对整个社会系统的良性运行有何作用力？"穿越一下"，如果 1768 年像现今一样有手机、互联网、社交媒体，"叫魂"是会传播的更厉害，还是很快会被人们识破？

66.《百年中国新闻人》

作者：李彬、涂鸣华 主编
出版信息：福建人民出版社，2007年版

在新闻学专业课程中，中国新闻史是必修课，也是多少会让新闻学子有点"头疼"的课程。一方面，是因为新闻史要讲授数百年信息传播的变迁，涉及面非常广泛；另一方面，也是因为传统新闻史教材主要采用编年史、政治史的范式编写，偏重于宏大叙事与记述媒体具体属性要素，如一张报纸的创办时间、地点、主编、版式等，于是，一部新闻史，差不多等于一份报刊出版的流水账，里面很难见到鲜活的人物、鲜活的故事、鲜活的作品，而满目都是枯涩的、干巴巴的、死气沉沉的"货物清单"。那么，新闻史能否像文学史那样，以作家作品为主线呢？新闻史能否多讲讲新闻人的有趣故事，多谈谈新闻人的传世之作呢？《百年中国新闻人》就是基于这样一种思路书写的中国新闻史。

本书由清华大学教授李彬和他的博士生涂鸣华主编，是一部以新闻人为主要研究对象的中国新闻通史。全书分为上、下两册，以近百万字的篇幅，介绍了从19世纪末到当代近百年中国新闻史中有重要影响的新闻人的事迹。这些新闻人上至政治风云人物，下到小报记者、通讯员，本书攫取他们新闻生涯中最具代表性、最有神采的某些片断，用一个个生动有趣的小故事娓娓道来，既折射出这些新闻人的精神面貌，也透露出时代的气息。在与故事主人公同欢乐、共悲伤，或振奋、或扼腕的阅读过程中，读者会对这些新闻人和这百年的新闻史有一个更为深刻的了解。李彬教授在前言中概括了本书具有两个鲜明特点：一是本书以史话体的形式对中国新闻史进行了全景展示，从现代新闻事业萌发的晚清一路讲到21世纪，气象万千，跌宕起伏；二是本书对中国新闻人的群体形象进行了全面而集中的展现，其中既有《史记》人物列传式的浓墨重彩，又有《世说新语》人物素描式的传神勾勒，特别是中华人民共和国部分更有许多鲜为人知的故事。总之，本书第一次以时间为经、以人事为纬，织就了一幅百年中国新闻人的斑斓画卷。

本书作者涂鸣华在后记中写道，写作本书的缘由及写作风格与思路是受美国人威廉·曼彻斯特名著《光荣与梦想》的启发。20世纪80年代《光荣与梦想》风行全国，李彬教授一直念念不忘，对于当时许多年轻的知识分子来说，该书带来的不啻是一场地震——原来历史书也可以这样写啊？没有一本正经地说教，整个美国40年历史都被作者用一种光怪陆离的笔法展示出来，那些高高在上的大人物原来也有着常人的喜怒哀乐，他们也是活生生的、有血有肉的人。作为新闻传播史的研究者与讲授者，李彬教授从此一直有个情结，就是书写一部中国新闻史的"光荣与梦想"，《百年中国新闻人》就是这一情结的"实践成果"。在此列举两个例子来让我们初步感受一下本书的

"光荣与梦想"式书写风格。

书中在记述民国报业巨擘于右任时，是这样书写他由老家逃亡到上海的：在老家陕西三原的时候，曾有一天，于右任找到当地一位姓董的照相师傅要拍一张照片。只见他披头散发，脱去了上衣，光着膀子，右手还提着一把刀，便要拍照。清朝制度，男子到一定年龄必须留发结辫，不结辫者以反对朝廷论处。早前的太平天国军就是因为他们不结辫子，反抗朝廷，才被叫作"长毛""发匪"的。当时，于右任的同学胡德兴正好在场，见状写了一副对联贴在墙上："换太平以颈血，爱自由如发妻"。相片照好后，于右任逢人便送，后来照片落到了三原县令德锐手里，成了反对朝廷的鲜活罪证，被定罪革命党，大逆不道，"无论行抵何处，拿获即行正法"。就这样，于右任被迫亡命上海，在那里开始了他新的人生。于右任在新闻史上著名的"竖三民"即《民呼日报》《民吁日报》《民立报》均创办并风行于上海。

书中在记述中华人民共和国新闻播音界泰斗齐越时，这样写道：1947 年 8 月 16日，在河北涉县沙河村的一个土窑洞里，齐越成为了中国共产党新闻事业史上第一个男播音员，在播音时，他心中藏着一个心愿，就是希望他在蒋管区的妻子和正在吃奶的女儿能够听到他的声音，他后来真的找到了自己的妻子，用的是土办法，在电台上播出寻人启事，这已经是北平解放以后的事情。1949 年 4 月 24 日，北平新华广播电台奉中央之命，在早晨的新闻中对国民党广播电台呼叫，当天晚上 8 点半以后，两台开始对话，齐越首先自我介绍："我是齐越，整齐的齐，越战越强的越"，对方也通报了自己的名字，齐越要他"你们要等待军事管制委员会的接管，不许破坏，不许听信谣言！"

延伸阅读：

1. 袁鹰：《风云侧记：我在人民日报副刊的岁月》，北京，中国档案出版社，2006。
2. 王维佳：《作为劳动的传播——中国新闻记者劳动状况研究》，北京，中国传媒大学出版社，2011。

67.《中国电视史》

作者：郭镇之 著
出版信息：文化艺术出版社，1997 年版

《中国电视史》讲述了中国电视业自 1958 年诞生到 1990 年近 40 年的发展历程，即中国电视从无到有、从小变大、从幼稚进入成熟的历程。

本书作者郭镇之教授是中国第一位新闻学专业女性博士，她于 1985 年 9 月入中国人民大学新闻学院，师从著名新闻史学家方汉奇教授研究中国电视史，博士论文《中国电视史稿》为首部研究中国电视历史的著作，本书就是以该博士论文为蓝本又加入 20 世纪 90 年代中国电视业的发展状况而完成的。书中内容分上、下两篇。上篇为中国电视业发展史，除了记述中国电视业自 1958 年诞生到改革开放前的发展以外，重点描绘了改革开放以来中国电视业"自己走路"（指不再依托电影）、全面崛起、90 年代大发展的基本情况，并记述了中国港、澳、台电视业的发展历程；下篇为中国电视节目史，分别记述了电视新闻、电视剧、电视综艺、非虚构类电视节目（包括电视纪录片和电视社会教育节目）的发展。

直至今日，电视依然是独具魅力的大众传播媒介。1936 年 11 月 2 日，英国广播公司在伦敦郊外的亚历山大宫播出了一场颇具规模的歌舞节目，标示着世界电视业的开端。但是电视甫一出现就遭遇了"二战"这一人类历史上最大规模的战争，因此，电视在西方国家的真正普及是在 20 世纪 60 年代，这一年代前后出生的人也因伴随着电视的长大而被称为"吮吸着手指长大的一代"。1958 年 5 月 1 日，中国第一个电视台——中央电视台的前身——北京电视台开始试验播出，标志着中国电视业的诞生。而电视进入中国寻常百姓家以及电视节目的多元丰富是 20 世纪 80 年代以后才实现的，因此，中国"70 后""80 后"一代的童年是伴随着电视成长的，80 年代、90 年代的经典电视节目，甚至电视广告成为中国"70 后""80 后"乃至"90 后"永恒的记忆。例如，80 版《西游记》、港片《上海滩》《霍元甲》、动画片《葫芦兄弟》《黑猫警长》、央视春节联欢晚会、《话说长江》《东方时空》中"讲述老百姓自己的故事"的纪录片栏目、《焦点访谈》的舆论监督、燕舞牌录音机广告、南方牌黑芝麻糊广告……这些电视节目及节目中的人物形象、音乐在某种意义上已经超越了电视节目本身，成为当代中国的时代记忆和国人的怀旧资源。而这背后则是中国电视业一直伴随着改革开放的狂飙突进和中国电视人风雨兼程的奋进历程，这就是《中国电视史》记述的主题。

已故著名电视人陈虻曾说，"不要因为走得太远而忘记为什么出发"，阅读《中国电视史》，可以让人回望历史、触摸历史，从而更真切地把握现在。例如，书中记述，20 世纪 80 年代，中央电视台与日本一家电视台合拍电视纪录片《话说长江》，片子在日本没有引起轰动，日本方面原来承诺的"协拍费"也大半落空。当一大堆样片塞满

办公室时，编导一时竟不知从何入手。从事电视纪录片 20 多年的戴维宇被派来收拾残局，没有人要求片子不同凡响，更没有人要求它一鸣惊人，戴维宇的任务是将素材派上用场，也算没白花那笔垫付拍片的冤枉钱。戴维宇却有自己的打算，他想突破纪录片的模式，突出电视节目的特点。于是，《话说长江》首次在大型系列节目中采用了陈铎和虹云两位为固定的节目主持人，采用章回小说体的"语说"方式，固定栏目，连续播出。尽管有人指出，陈铎、虹云两位还不算真正意义上的节目主持人，他们只能算是朗诵解说词的演员，但是固定出现的形象，较之画外音使观众更有亲切感，在中国一时形成了"长江热"。又如，书中记述，1980 年 10 月 11 日，中央电视台开始播放美国电视连续剧《加里森敢死队》，并立即引起轰动。然而，3 个月后这部 26 集的电视剧刚刚播了 13 集，电视台却因一些观众的反对而突然停播，但后来，随着《血疑》《女奴》《诽谤》《坎坷》等译制海外剧的播出，渐渐地，中国观众对译制片的打打杀杀、搂搂抱抱、哭哭笑笑见惯不惊，竟安之若素了，1990 年，中国引进外国影视剧 376 部（集），其中 355 部在中央电视台首播。

延伸阅读：

1. 王晓明主编：《电视剧与当代文化》，北京，生活·读书·新知三联书店，2014。

2. 吕新雨：《纪录中国：当代中国新纪录片运动》，北京，生活·读书·新知三联书店，2003。

68. 《十年——从改变电视的语态开始》

作者：孙玉胜 著
出版信息：人民文学出版社，2012 年修订版

如果要了解当代中国电视新闻领域的变迁，有两本书不可不读：一本是郭镇之教授学院派风格的《中国电视史》，另一本就是孙玉胜亲历式传记风格的《十年——从改变电视的语态开始》。的确，这本书在当代中国电视新闻从业人员中几乎是人手一本，至少提及这本书的名字，你如果一无所知或误以为是在说刘若英的歌曲《十年》，在电视圈内是会被嘲笑的。

能够进入中央电视台成为一名记者、编辑，是很多大学毕业生的工作梦想。但是对于 1984 年毕业于吉林大学的孙玉胜来说，这份工作似乎并没有令他十分惊喜。因为，当时的电视远没有今天这样大的规模和影响，做电视节目对于经济学出身的他来说仅仅是"服从组织分配"而已，刚进中央电视台的时候，他甚至曾一度以为"蒙太奇"是哪个外国记者的名字。但就是这样一个人，在进入电视领域 3 年后就以电视新闻《一条马路隔断了两个企业的产需联系》获得了全国新闻特等奖。后来，他创办了《东方时空》《焦点访谈》《实话实说》《新闻调查》等深度新闻栏目，策划了香港回归、澳门回归、国庆 50 周年、相逢 2000 年等大型直播报道，1993 年他获得首届"韬奋新闻奖"。《十年》就是他以自己的亲身经历讲述的 20 世纪 80 年代以来中国电视新闻改革的风雨征程。

为什么是 10 年？孙玉胜在本书前言《朝发夕至，路上十年》中谈到：1973 年，彩色电视在中国正式试播；1983 年是中国电视的第一轮改革的"元年"，在这一年 3 月 31 日召开的"第十一届全国广播电视工作会议"上，出台了一项对中国电视具有深远意义的重大举措——四级办电视，由此，各级电视台风起云涌。也是在这一年，著名的电视系列片《话说长江》和轰动一时的电视杂志节目《九州方圆》在央视播出，并在央视春节联欢晚会首次登场。1993 年，中央电视台从 3 月 1 日开始设立早间新闻，从而实现每天 12 次的新闻整点播出，5 月 1 日，《东方时空》的开播则被广泛认为是新一轮电视改革的发端。2003 年，从 3 月 20 日开始，央视破天荒地对突发事件——"伊拉克战争"进行了长时间的直播，而 5 月 1 日开播的央视新闻频道进一步引起海内外舆论和观众的关注……这些变化无疑都是新一轮电视改革开始的标志。值得注意的是，许多读者把《十年》主要看作是中国电视人"同人"群体的理想创业史和独具个人魅力的奋斗史，而本书作者在前言中其实早已对这个问题作出了明确回答，他认为：3 个"十年"的电视改革为什么都发端于春天？其中最重要的一个原因就是，近几十年来新一届党的代表

大会都是在秋冬之际召开的，新的领导集体主张的新的宣传政策由提出到具体体现在电视节目上需要一个过程，所以，新的电视改革总是在春天开始萌动、生根、生长。10 年的实践证明，成功的电视新闻改革和新栏目的创办每次都是自上而下的决策结果，新闻性栏目更是如此，这是写作本书的前提。这段话意味深长，对于我们理解全面"十年"意义重大，个人和群体在电视新闻改革中的作用是重要的，但是，宏观的，特别是政治经济层面的作用力才是更深层次的促动新闻改革的核心动力。

为什么是"从改变电视的语态开始"？孙玉胜说，写《十年》时，副题"从改变电视的语态开始"让他琢磨了好几个月，等到终于想出"语态"这个词时又在担心是否有造词的嫌疑。"当时我在网络上检索了一下，只有涉及语法时才有'语态'这个词。我当时想，这些节目最刻骨铭心的改变是什么？其实就是语态，把媒体的视角放低，不说大话，不说空话，采用观众乐于接受的、平民化的表达方式。'三贴近'首先是从叙述方式开始""'真诚面对观众'不仅仅是一个口号，不仅仅是宣扬栏目的态度，它也是一种可以指导节目操作的方法"。作者认为，始于 1993 年的电视新闻改革在理念上是从实验与电视观众新的"说话方式"，也就是新的电视叙述方式开始的。比如：叙述的态度应该是真诚和平和的；叙述的内容应该是观众关心和真实的；叙述的技巧应该是有过程和有悬念的；叙述的效果应该是具有真实感和吸引力的。有人说，新闻是历史的草稿，所以我们更新电视新闻的叙述方式其实就是在改变对历史的记录方式。当我们不是把新闻理解为"碎片"，而是理解为"历史"时，"跟踪新闻，全力跟踪新闻""接近现场，第一时间接近现场""报道事实，更深入报道事实"就不只是我们眼下的职业操守，而是神圣的职业使命。

在本书中，作者说，"我至今仍深信：理念与激情是一切电视栏目成功的最重要因素""有人说，当年的《东方时空》就像电视界的延安，一种强大的感召力让年轻的知识分子从四面八方云集而来；也有人说《东方时空》更像是电视界的深圳，新一轮新闻改革的实验就是从这里开始的""延安和深圳，看上去是两个无论从地域还是从时代都没什么可比性的城市，但用它们来比拟创业时期的《东方时空》却是非常准确的。延安和深圳千差万别，却有一点相同：它们都象征着阳光灿烂的未来和希望，它们是理想者的天堂""西行和南下的年轻人是两代人，但他们都是理想主义者。理想是对未来希望的一种自我选择，勇敢地选择了自己人生道路的这些年轻人，他们走在路上的神情是一样的：一门心思地前行、前行，精力充沛，不知疲倦，目光专注，生机勃勃"。

阅读本书，你会读到许多耳熟能详的大记者、大编辑"青葱岁月"的工作生活细节，你会读到许多大牌电视节目制作幕后的轶事和趣闻，你也会读到许多央视重大新闻事件报道过程中的惊心动魄与机缘巧合。但是，合起书本，你更应该体味的是中国电视人的理想与激情、光荣与梦想，以及更深层次的当代中国改革开放时代洪流的波涛汹涌。

延伸阅读：

李大同：《冰点故事》，桂林，广西师范大学出版社，2005。

69. 《中国应用电视学》

作者：朱羽君、王纪言、钟大年 主编
出版信息：北京师范大学出版社，1993 年版

当开展电视领域的研究，你需要从宏观上了解电视媒体的历史及基本运作规律时，有没有一本工具书可以"一览全貌"？或是你要写作一篇电视领域的论文需要查找权威的概念解释时，有没有一本工具书可以尽可能地"一书尽查"？《中国应用电视学》就是一本可能会给你提供这样帮助的工具书。

1993 年 6 月，这本分为 4 篇 29 章，共 230 余万字的大型工具书由北京师范大学出版社出版，填补了中国电视理论研究久未形成独立学科的空白。该书本着"电视理论应是发展的理论"这一基本认识，以电视学应当是一门综合性、艺术性、学术性、实用性均强的新兴学科为出发点，结合中国电视事业发展 40 多年来的具体实践及自身规律，对电视学作了较为严谨、深入、系统、全面的科学论述。该书的编著者以当时北京广播学院（现中国传媒大学）电视学领域的专家、学者为主体，主编为朱羽君、王纪言、钟大年 3 位教授。在这本书出版以前，"北广"的学者们已经出版了由 18 本教材和专著组成的"电视节目制作系列丛书"，《中国应用电视学》除了保留 18 本书中被实践检验是实际而有用的精华外，还增加了当时国内外电视学研究的新成果。这部书的 4 篇分别是"本体篇""节目篇""制作篇"和"技艺篇"，涵盖了到 20 世纪 90 年代电视学领域研究的理论精华。例如，"节目篇"分为 8 章，分别是：电视新闻节目、电视教育节目、电视文艺节目、电视文学、电视剧、电视纪录片、电视专栏节目、电视广告。可以看到，直至 20 多年后的今天，虽然电视节目形态发展变化很快，但是在这部书中依然能够找到主流的、基本的节目类型之理论解释。

在朱羽君和王纪言教授为本书撰写的前言中写道：毋庸讳言，电视学的成长也遇到种种的非议，有人认为"电视无学"，也有人认为"电视虽然有学却无法独立，只能作为杂交的产物，包容于众多学科之中"，还有人认为"电视走得太快了，把不着，握不住，理论研究无法定位"。作者在对这些说法进行反驳之后，语重心长地提出，"是探索建立中国自己的电视学的时候了""实践呼唤着中国电视学，时代呼唤着中国电视学""于是，我们决定试一试了"。与全书 230 万字的正文相比，朱羽君和王纪言教授为本书撰写的这篇前言非常"特别"，我们知道，两位教授是中国电视新闻、电视纪录片领域的理论开拓者并都长期在电视新闻一线工作，这种职业惯性使他们写作的这篇长文呈现出鲜明的电视解说词特色，讲究质朴通俗、声韵协调、段落极短、交流感强，这也许正是在向读者阐明电视因其自身具有特殊的媒介特性而生成了独特的文化个性，因而，电视学是可以作为一门学问而存在并大有研究价值的。

延伸阅读：

1. 张颂：《中国播音学》，北京，中国传媒大学出版社，2003。
2. 吴郁：《主持人的语言艺术》，北京，北京广播学院出版社，1999。

70. 《新闻的历史》（第三版）

作者：米切尔·斯蒂芬斯 著，陈继静 译
出版信息：北京大学出版社，2014年版

　　《新闻的历史》（第三版）是一部以全球眼光讲述的新闻史著作，作者采用独特的人类学视角，将新闻的历史向上追溯至史前时期，向下贯通至当今信息爆炸时代。

　　本书的作者米切尔·斯蒂芬斯是美国纽约大学新闻学教授。他的研究集中在新闻史领域，出版的著作大都与印刷史、广播史有关，他的著作《广播新闻》自1981年出版以来，成为美国大学广播史课程中使用最广的教材。《新闻的历史》最初于1988年出版，一经面世就受到好评，被《纽约时报》评为年度图书；第二版出版于1996年，先后被多个国家以多种语言翻译出版，我们现在阅读的这本书是第三版，出版于2007年。斯蒂芬斯教授的著作往往视野广阔，古今中外各种史料信手拈来，给人酣畅淋漓之感。他的文笔生动有趣，字里行间不乏狡黠机智的评论，随时令人眼前一亮。有趣的是，《新闻的历史》刻意避免"历史进化论"，反而强调古今中外、专业记者与业余"包打听"之间的惊人相似。在斯蒂芬斯看来，罗马帝国的《纪闻》与今天的CNN一样，都向身处异乡的游子提供了家乡新闻；16世纪新闻书制造的煽情新闻，足以令今天任何一家超市小报或有线电视台自愧不如。相反，巴勒斯坦人交换消息时索要报酬，这与无良记者的"红包新闻"一样，都是通行规则的例外。可以说，全书内容均是以这种"反历史"的视角写就，与一般"厚今薄古"的新闻传播史著作唱起了反调。

　　本书在新闻史著作中较为"标新立异"的地方是采用了人类学视角。人类学是从生物和文化的角度对人类进行全面研究的学科群，在研究方法上强调对研究对象脉络的深度检视、跨文化比较以及参与式观察。历史学与人类学的交叉给史学研究两个方面的启发：一是研究方法上，对传统的历史文献进行新的解读，从而有意识地去发掘文献背后所隐含的以前较少为人关注的意义，发现新的问题，并重现历史的面貌，同时，对现实的社会生活进行实际的田野考察，包括在一个地区进行参与式观察，对当地人进行访谈等，这是传统史学中很少运用到的方法；二是研究领域上，新的理论和方法的引入势必会为历史学研究带来新的研究领域。这些新的研究领域已经突破了传统的政治史、帝王将相史，进而扩展到对地方性历史的关注，对日常生活史以及边缘民众史的关注等。通俗地说，运用人类学的方法与视角研究历史，关注的问题不仅仅局限于帝王将相、王朝战争等宏大叙事，普通人群、边缘人群、少数族裔人群、流寓人群等以前史书上多被忽略的人群成了被书写的主角，如果在阅读本书之前，你还阅读过其他的新闻史著作，再阅读本书，你就不难理解以上表述。

　　例如，本书的前两篇分别为《口头新闻》《手抄新闻》，作者运用了较多的篇幅研究了印刷新闻——现代新闻业出现以前人类的传播活动，而一般的新闻传播史著作对此多是"蜻蜓点水",一笔带过。又如，在记述广播媒体诞生时，作者使用的标题是《广播——电子集会场》，作者写道，"广播是一系列技术突破的产物，在广播诞生以前，这些技术发明有种种可以想见的结果：船只可以与岸上联络、战斗机可以与指挥基地联络、业余广播爱好者也可互相联络。但是最有意义的应用显然被发明者忽略了。""1920年，西屋公司经理哈利·P. 戴维斯突发奇想。他后来写道，'受一个在车库里广播的业余电台启发，我开始想到，当时将无线电话发展为私密通讯方式是错误的，相反，这个领域其实具有广泛的公共性……'换句话说，戴维斯发现了广播可以聚集众人"。将广播称为"电子集会场"，就是一种从人类学考察传播媒介变迁的角度，这与一般新闻史着重从传播技术、政治经济力量推动传播媒介发展是不同的。

当然，本书也有一些观点有待商榷，例如，本书开篇在解释新闻的诞生时，将新闻的诞生归因于人具有"诉说的冲动"，这明显带有唯心主义的色彩，而且这种倾向在本书的其他地方也不同程度地存在，我们在阅读时需要思考甄别，有选择地学习、吸收。

延伸阅读：

李彬：《全球新闻传播史》（第二版），北京，清华大学出版社，2009。

71. 《美国新闻史——报业与政治、经济和社会潮流的关系》

作者：埃德温·埃默里 等著，苏金琥 等译，董乐山 校

出版信息：新华出版社，1982 年版

美国是传播媒介最发达的国家，对每一个新闻爱好者和新闻记者来说，美国是绕不开的一道坎。审视美国新闻事业的发展历程，是理解世界新闻传播历史和信息流通格局以及其中的权力结构的必要参考。

本书作者是一对父子，第一版曾获得美国职业新闻工作者学会的全国研究成果奖。

新闻与社会的政治、经济紧密相连，相辅相成。如果只谈新闻不谈政治，我们根本无法理解新闻。因此，一部新闻史就是一部政治史、一个社会的政治经济变迁历程。犹如作者所说，新闻史是人类长期以来为了传播而进行斗争，即发掘和解释新闻并在观点市场上提出明智的见解和引人入胜的思想的历史。与以往的新闻史教材不同，本书将美国新闻事业的发展历程置于广阔的国内外政治、经济、社会和文化潮流的相互关系上进行分析，较为全面地反映了美国新闻业漫长的发展历程。

这本书对美国所有的媒介形式进行了广泛的考察，包括报纸、通讯社、杂志、书籍出版、广告、公共关系、新闻摄影、电影、电台、电视台等，并对美国新闻传播史上的重大事件进行了概述，对重要的人物和传播机构进行了考察。

另外值得一提的是，本书译校者为学养深厚的老一辈新闻人，特别是董乐山更是享誉学界与文坛。

延伸阅读：

[美] 赫尔曼、 [美] 乔姆斯基：《制造共识》，邵红松译，北京，北京大学出版社，2011。

72. 《新闻写作的艺术》

作者：纳维德·萨利赫 著，陶娟 译
出版信息：中国人民大学出版社，2017 年版

正如本书英文版标题（*The Complete Guide to Article Writing*）写的那样，作者旨在为当下的写作行业提供全方位、一站式的指导：无论你是自由撰稿人还是职业新闻人，不管你面对的是传统媒体还是网络媒体，通读全书，都会使你受益良多，能帮助你写出更多吸引人的新闻作品。

作为全美知名的医学编辑和自由撰稿人，拥有科技新闻硕士学位的纳维德·萨利赫，既有深厚的新闻学理论素养，又有丰富的市场从业经验，这就使得本书兼具理论与实践的双重指导色彩。

本书开篇讨论新闻业的过去、现在和未来，并论述记者的角色与责任。在萨利赫看来，当下的新闻记者正经历着"最坏的时代"，也迎接着"最好的时代"。传统的新闻业历史悠久，却因为互联网的冲击，渐成明日黄花。因此为了生存，今天的记者必须要努力适应时代发展的潮流，主动了解新媒体、运用新媒体，不仅要像从前那样关注写作风格与结构的训练，还要努力学习如何去设计网站，怎样去搭建一个强大的社交网络等。他认为，只有那些能抓住读者的注意力、产生数字营销收入的创意，才能够孕育成功。

在宏观概述完上述内容之后，作者开始结合自身的从业经验，从新闻写作的生产领域到分发推广的流通渠道，逐一讨论了在当下的社会语境中，具体的调查研究和采访应该注意什么，怎样为报道选择合适的结构，在特稿写作中如何将叙述与事实天衣无缝地组合起来，怎样用最新的社交媒体打造平台等。可以说，萨利赫仿佛如"导游"一般，带领我们"游历"新闻写作这片风景胜地时，不仅将其历史传统娓娓道来，更绘声绘色地告诉读者，当下有哪些"新风景"和"新亮点"值得关注、又该怎样关注。

值得一提的是，作者起初接受的是科学（医学）写作的培训，故而本书有时会倾向于从科学研究的视角来评估、分析写作技巧。这就使得本书与大多数人文主义色彩浓厚的新闻学专著有所不同，进而有助于我们从另一个角度把握对新闻写作的认知和体会。

此外，作者还提醒年轻一代的作家和新闻工作者，由于获得现实生活经验的职业机会变得越来越少，因此，适应新闻编辑室的各种术语行话就很重要。在萨利赫看来，锻炼自己听懂行话的能力，对于任何人来说都大有裨益。

总体而言，面对日益变化的新闻界，萨利赫的这本《新闻写作的艺术》具有很强的现实意义，认真阅读此书，将会帮助有志于从事新闻写作的学子更深入地了解这一

领域，并指导他们成为更加优秀的作者。

延伸阅读：

1. ［美］杰里·施瓦茨著：《美联社新闻报道手册》，曹俊，王蕊译，北京，中央编译出版社，2014。

2. ［美］威廉·布隆代尔著：《华尔街日报是如何讲故事的》，徐扬译，北京，华夏出版社，2006。

73.《新闻学核心》

作者：李希光 著

出版信息：南方日报出版社，2002 年版

李希光教授多年来带着"大篷车学堂"的学生常年往返于广阔无垠的西北大沙漠、瓦罕走廊、帕米尔高原、巴基斯坦、阿富汗和伊朗高原，引导学生开拓视野，用脚和汗水写出鲜活、生动的新闻。

这本书是他对新闻学的思考，他敏锐地发现当前中国新闻传播行业较为突出和亟待解决的问题，并指出"新闻的选题要围绕人民的需要来进行，一定要寻找老百姓关心的事"。在新闻传播行业剧烈变革的时代，我们的学者和新闻从业者要深思"故事在哪里""新闻在哪里"？跳出西方传播学理论的条条框框，推进新闻学和新闻业务的深入发展，解答广大人民群众所关心的问题。

随着新闻媒体产业竞争日趋白热化，商业利益侵蚀着媒体的良知和责任感。中国传媒业的市场化、娱乐化和小报化正在淹没严肃的、经过认真核实的新闻客观性报道，把受众引向浅薄的娱乐、名人、生活时尚内容，这对社会的正常运转，激发公众的参政议政热情，形成政府和公众之间的有效互动产生极其不利的影响。在商业利益的驱动下，媒体有可能成为导致社会混乱的催化剂。

当下，新闻学和传播学的关系是比较热门的话题。在作者看来，新闻学传授的是寻找故事和写作故事的一门学问，新闻学的根据和核心是一门讲故事的艺术和学问。传播学的核心是研究大众化的受众的构成和行为，研究大众媒体的行为，以及这种行为对各种人群的影响和冲击。传播学的兴起，有商业利益和政治利益上的需求。不幸的是，新闻传播学教育正在掉进传播学的陷阱，或者掉进以金钱为目的的"新闻策划"或媒体策划的陷阱。我们新闻教育的目的应该是培养为人民服务的优秀记者，而不是培养公共关系和广告的策划能手。

延伸阅读：

［美］布雷恩·布鲁克斯：《新闻报道与写作》，范红主译，北京，新华出版社，2007。

74.《新闻人生——名记者清华演讲选》

作者：李彬、常江 编
出版信息：清华大学出版社，2008 年版

本书是名记者在清华大学新闻与传播学院的演讲精选录。这些演讲内容丰富，思想鲜活，叙事生动，有声有色。阅读本书不仅可以直观了解中国新闻人及其精神风貌，把握新闻与社会的有机联系，而且还能倾听中国名记者的心声，得到人生的启迪。

对莘莘学子来说，聆听名家讲座是在校园生活中必不可少的环节。它是大学生活中浓墨重彩的一道风景，而邀请名家讲座并不易，不是所有学校都有机缘和实力。因此，《新闻人生——名记者清华演讲选》这部书，在同类著作中就显得比较突出了。

原《人民日报》总编辑、清华大学新闻与传播学院院长范敬宜先生在序言中对这本书给予极高的评价，用"真、实、细、神"四个字高度概括本书的特色。他认为，该书保持了讲授者的"原汁原味"，不修饰加工，没有虚话、套话，内容都是讲授者本人的亲身经历和实践，实实在在，非常真切。讲授者细致入微地讲出了本人策划、采访、写作、修改的具体"过程"及其细节，透过对自身新闻实践的叙说，活生生地反映了本人的精神面貌及精神世界，每一篇都令人可信、可学、可敬。

例如，范敬宜郑重其事地说："新闻事业充满风险，但值得去为之奋斗终生，只有热爱新闻工作的人能心甘情愿地去吃苦，如果有来生，我还是做记者。"张严平说："每个记者肯定都有自己的燃烧点，新闻事业让我们有机会走进一个又一个优秀的、高尚的、平凡而伟大的心灵。正是这样一颗颗心灵，让我们领悟着生命的意义，感受着民族的灵魂。我写出他们，不仅让更多的人因为他们而感动和受到激励，同时，我的生命也在他们的心灵中得到丰厚的滋养。一个内心有阳光的人，才能感受我们社会的阳光；一个内心有阳光的记者，才能传达出蕴于千千万万人心中的阳光。记者这一份工作，它让我领悟了太多人生的意义；它让我在理想与现实之间，始终朝向前进的方向；它让我内心始终充满热爱与阳光。"

多么深刻的领悟，多么真切的话语。如果没有清华大学新闻与传播学院的讲台，恐怕其中的有些话语我们永远都听不到，从而失去接受一次精神洗礼的过程。

延伸阅读：

1. 范敬宜：《范敬宜文集》（总编辑手记），北京，清华大学出版社，2010。

2. 史安斌主编：《清华新闻传播学前沿讲座录》"续编""第三辑"，北京，清华大学出版社，2012，2016。

3. 新闻战线"三项学习教育"活动领导小组办公室编：《好记者讲好故事》，北京，学习出版社，2015。

75.《中国新闻社会史文选》

作者：李彬 主编

出版信息：清华大学出版社，2008 年版

历史是过去的现实，现实是未来的历史。对一个新闻学子和新闻记者来说，朴实流畅的文笔、高超的采访技巧、清晰的逻辑和深厚的历史文学底蕴极为重要。文史资料为我们深入思考和理解当下的现实、从事物的蛛丝马迹中发现社会发展的规律提供了帮助，严密的逻辑和优美的文字有利于我们更好地表达自己的所思所想，而通读文史原典或经典是掌握文史资料和培养逻辑思维的最佳途径。

人们常说"新闻无学"。这并不是说新闻传播学科没有学术价值，而是因为新闻传播学科的相对开放性，以及新闻学子和新闻记者需要广阔的知识面和专业知识储备。一个优秀的新闻记者不仅要具备所报道行业或领域的专业知识，还需要涉猎其他人文社会学科的领域。李彬教授的《中国新闻社会史文选》上迄先秦，下至当代，共遴选了中国新闻传播史上的原典和经典文本约 150 篇，此外还有只列篇名未录正文的 100 篇"存目"。为方便读者了解有关背景，每篇文章都撰写了"题解"，内容包括报业、广播、电视、网络、期刊、新闻思想、新闻制度、新闻教育和新闻法规，可谓包罗广泛，反映了中国新闻史的历史全貌和时代风云，让人尽情领略其间的万千气象和新闻魅力，所选文章多姿多彩、有滋有味，极具吸引力和感染力。在"拜物教"盛行，媒介市场化、商品化的潮流汹涌蔓延的时代，此书是弘扬一种新闻精神和新闻理想的佳作。

经典新闻作品之所以堪称经典和永葆活力，是因为它以独特的方式触及、思考和表达了社会历史的基本问题，展示出鲜明的时代精神。阅读中国经典新闻作品，我们看到的不仅是国家和民族经历的苦难、伟大的爱国精神以及顽强拼搏的意志，还有对民族独立和国家富强的不懈追求，以及美好生活的无限向往。虽然时代在变，但是，新闻史上的前辈们的高贵精神品德仍未过时，他们深沉的家国情怀，对人民群众的深切关注和深刻同情依然值得我们继承和弘扬。

例如，《中国的战歌》（节选）和《红星照耀中国》（节选）等文章，如实记叙了中国革命艰难的成长历程，让我们看到革命胜利的来之不易；《当你们熟睡的时候》一文，报道了普通劳动者辛勤工作、服务人民的故事，读来亲切动人，是一个用脚写新闻的经典案例；《谁是最可爱的人》是朝鲜战争新闻作品中最有影响的名作，周恩来总理赞扬这篇作品"感动了千百万读者，鼓舞了前方战士"。

当下，中国新闻史研究的教科书和各类图书颇多。但是，具有较高的参考价值，能够启发新闻学子和新闻记者的新闻史文选极其匮乏。《中国新闻社会史文选》这本书弥补了这方面的不足，其中的每一篇文章都生动诠释了什么是新闻、什么是新闻

人，凝聚了新闻的"精气神儿"，体现了古今中外一切新闻人的永恒追求。

延伸阅读：

1. 刘梓良总编:《中国百年新闻经典》，北京，人民出版社，2013。

2. ［美］戴维·加洛克:《普利策新闻奖（特稿卷）》，多人译，李彬校，北京，新华出版社，1999。

76.《论出版自由》

作者：弥尔顿 著，吴之春 译
出版信息：商务印书馆，2009 年版

本书作者弥尔顿是英国资产阶级革命时期的诗人和政论家，在战火纷乱的年代如同一颗璀璨的明星。

15 岁时，弥尔顿进入剑桥大学深造。大学毕业后，他在伦敦郊区的乡村庄园隐居 5 年，写下大量文学作品。英国革命爆发后，他积极投入革命，极力反对保王党，并倾注全部精力撰写政治性小册子，《论出版自由》是弥尔顿众多政论中最重要的一篇。1644 年，弥尔顿在国会作长篇演讲，系统阐述了出版自由思想，大胆攻击当时英国审查制度，表明了资产阶级对于出版自由的向往。同年，印刷了这篇演讲词，名为《论出版自由》。

在书中，弥尔顿用宏伟壮阔的语言，旁征博引希腊文化和西方古典文学中的典故，从天赋人权、真理和智慧的追求等多方面阐述了自由主义思想和出版自由的重要性。他认为，自由是人的基本权利，而言论出版自由更是人的一切自由权利中最为核心和重要的内容。人是有理性的，人的理性与生俱来，且高于一切。人通过自己的理性能够辨别真假，通往真理。对一个谨慎而明智的人来说，谬论是发现真理的参照系，坏的书籍可以帮助他善于发现真理，预防和驳斥谬论。

对待《论出版自由》，需从两点把握。一方面，作为一种新阶级及其意识形态，弥尔顿的小册子表达了新兴资产阶级的心声，故而数百年来一直被西方世界奉为经典，并对社会进步产生了一定积极影响；另一方面，也应看到，如同其他资产阶级思想家一样，弥尔顿的思想难免于历史唯心主义之困，认识不到言论及其表达归根结底不是取决于美妙动听的言辞，而是取决于现实世界的政治经济结构以及人与人之间的社会关系，所谓"才大气粗"就是典型。

延伸阅读：

1. 卢梭：《社会契约论》，何兆武译，北京，商务印书馆，2003。
2. ［美］约翰·洛克：《政府论》，叶启芳译，北京，商务印书馆，2009。
3. ［法］孟德斯鸠：《论法的精神》，许明龙译，北京，商务印书馆，2012。

77.《比较新闻学：方法与考证（修订版）》

作者：张威 著
出版信息：清华大学出版社，2013 年版

本书系统阐述了比较新闻学的界定、范畴、依据、研究方法，对比较新闻学的发展脉络进行了历史的梳理，对比较新闻学的文化与社会诸因素进行了深入的分析，着重讨论了中西新闻理论与实践的趋同性、交叉性及悖逆性。

作者认为，在新闻概念的某些理论方面，中西方具有一定的趋同性，比如，新闻的定义、新闻价值以及新闻的功能。然而，在实际运作方面，中西新闻之间又存在明显差异，具体表现在双方相似的理论申明和不同的实践，以及双方不同的理论申明和不同的实践上。产生这种差异的根本原因是中西之间的政治差异和文化差异。因为，新闻首先是一种文化，新闻实践、新闻史、新闻理论都是在一种特定的文化环境中发展起来的。新闻又是一种社会政治发展的产物，新闻学与政治和文化有着密切的关系。

比较新闻学应该比什么？怎么比？作者认为，比较新闻学的研究对象有核心研究和外延研究之分。核心研究包括三大部分，即新闻理论、新闻业务、新闻史和新闻实践。其中，新闻理论研究包括新闻的价值观、自由观、信仰、准则；新闻业务研究包括新闻技巧和报道手法；新闻史和新闻实践研究包括一切有关新闻活动经历的过程、事件、活动。新闻的外延研究包括新闻法、新闻伦理、新闻教育、新闻与社会、新闻与宣传、新闻与美学、新闻与政治等。比较新闻学研究应借鉴文学、历史学等其他成熟学科的研究方法和研究成果，以广阔的眼界、胸怀和学术观念进行比较研究。

在书中，张威教授结合自己长期生活在国外的经验，大量借助第一手资料和个人体验，使比较新闻学研究显得鲜活和直观，研究视野开阔，内容翔实，立论公允，观点平实，是比较新闻学研究近年来令人瞩目的成果。

延伸阅读：

[美] 丹尼尔·哈林、保罗·曼奇尼：《比较媒介体制·媒介与政治的三种模式》，陈娟译，北京，中国人民大学出版社，2012。

78. 《报刊的四种理论》

作者：弗雷德里克·S. 西伯特、西奥多·彼得森、威尔伯·施拉姆 著，戴鑫 译
出版信息：中国人民大学出版社，2008 年版

　　1956 年，美国伊利诺伊大学出版社推出了《报刊的四种理论》（*Four Theories of the Press*）一书，根据政治和社会理论的基本原理，从宏观的视野揭示出新闻事业和政治制度的关系，并提出新闻媒介的四种理论模式，即威权主义（又译集权主义）理论、自由主义理论、社会责任论和苏联共产主义理论模式。这是一部冷战时代的著作，也被视为西方"冷战传播学"的代表作，体现了鲜明的西方政治立场与价值观，包括新闻观。

　　在作者看来，大众传播媒介总是带有它所属社会和政治结构的形态与色彩，尤其是传媒反映了一种调节个人与社会关系的社会管制制度。因此，了解社会管制制度是系统地了解传媒的基础。要想全面了解各种传媒体系之间的差异，就必须考察传媒赖以运行的社会制度。而要了解各种社会制度与传媒之间的真正关系，我们就要关注这些社会所固有的某些基本信念和假设，即人的本质、社会和国家的本质、人与国家的关系以及知识和真理的本质。传媒体系之间的差异是一种哲学和政治学理论的差异。这里，实际上就是社会主义与资本主义的差异。

　　《报刊的四种理论》诞生于"冷战"盛行的年代，"冷战"不仅是政治外交上的话语，它更以公开和隐含的方式建立起对学术研究、大众媒体新闻、大众文化研究讨论的框架。《报刊的四种理论》就在这种历史背景下出现，作者受到了强大的地缘政治观的影响并有着浓厚的意识形态色彩。此外，《报刊的四种理论》无法恰当地解释和分析当今世界的所有新闻传播体制，将一个国家强归到"四种理论"的某一类中去，无异于削足适履。因此，20 世纪 70 年代，英、美学者开始反思和批判《报刊的四种理论》，从不同的角度对其做了修改和补充，并先后提出"发展理论""民主—参与"理论、"民主社会主义"理论"三个乐章"理论，等等。

　　不过，作为新闻传播学的一部名作，《报刊的四种理论》开辟了新的研究领域。它和后来者对全球各国新闻传播体制的分析，表明全球的新闻传播理论和理念是多样化的，而且也不可能达成全球的统一。在相当长的时间里，新闻传播理念多样化并存的格局仍会持续下去。此外，改革开放以后，中国新闻传播事业迅速发展，新闻传播管理机制进一步完善，总结 30 年的新闻传播事业发展历程，提炼成功经验和建构有说服力的理论模式显得极为必要。

延伸阅读：

　　[美] 尼罗等：《最后的权利：重议〈报刊的四种理论〉》，周翔译，汕头，汕头大学出版社，2008。

79.《多种声音，一个世界》

作者：联合国教科文组织交流委员会 著
出版信息：中国对外翻译出版公司，1981 年版

随着全球化浪潮的席卷，世界政治经济体系正在发生深刻而深远的变化。新兴经济体逐渐崛起，亚非拉国家日益活跃在世界舞台，与欧美发达国家进行激烈的交锋，力争国际事务中的话语权，试图摆脱发达国家的控制。全球政治经济体系正在发生的权力转移，能否改变世界信息体系的权力结构，打破西方媒体的信息垄断，推动各国文化独立自主地发展？这是世界各国普遍面临和思考的问题，也是近半个世纪前的《多种声音，一个世界》试图回答的问题。

1980 年，在联合国教科文组织第 21 次全体会议上，国际传播问题研究委员会向大会提交了《多种声音，一个世界》（又称麦克布莱德报告）。该报告对世界信息基础组织结构和传播资源进行了 3 年调查研究，较为全面地反映了世界信息与传播新秩序之争，倡导建立世界信息传播新秩序，主张通过放松版权法规、促进信息传播技术自由交流、鼓励第三世界国家出版业发展，以及更多的传播资源共享等措施来改善发达国家和发展中国家信息传播资源不平等的状况。

该报告指出，信息流通的不均衡现象主要体现在发达国家和发展中国家之间；具有不同政治和社会经济制度的国家之间；属于同样政治制度的发达国家之间，尤其是在较小和较大的发达国家之间；第三世界国家本身之间；在那些同不发达状态的种种祸害进行斗争的国家里，政治新闻和有关社会、经济及文化生活的新闻之间；通常所谓"好"消息和"坏"消息，亦即灾祸、失败、冲突、挫折、蠢事以及暴行这些消息之间；专题时事新闻和比较深入地涉及人民和国家日常生活中重要问题的消息之间。在这种情况下，发展中国家不能指望发达国家的经济和技术援助就能改变这种失衡的状况。因此，要消除不公正和压制性结构，改变当前的分工，建立一种新的国际经济秩序。

报告认为，各国之间和国家内部的信息交流应该是双向的，新闻媒介应当是双向交流的工具，要鼓励各国和公众利用新闻媒体公平参与信息交流和社会事务。虽然，单向信息交流可以在一段时间内缔造一个效率高的社会，还能提供大量的信息情报，但也会阻碍各国公平参与国际事务和公民的知情权。报告强调各国要加强相互依存，加强各领域的协调和合作，共同制定国际标准与文件，保护新闻人员，加强对遭到忽视的地区的注意。

该报告通过翔实的数据和案例，勾勒了 20 世纪 80 年代世界传播格局中存在的交流现状，并进行分析和总结，提出若干理论观点。如今，报告所列出的很多问题尚未

得到解决，新的问题又不断涌现。但是，它为建立公平合理的世界新闻新秩序而进行的努力和奋斗，依然具有很大的启发作用，无愧是世界新闻传播史上的重要文献和一座里程碑。

延伸阅读：

1. 贝戈蒂克安：《媒体垄断》，石家庄，河北教育出版社，2004。

2. 安东尼奥·葛兰西：《狱中札记》，曹雷雨、姜丽、张跃译，北京，中国社会科学出版社，2000。

80.《新闻——政治的幻象》

作者：兰斯·班尼特 著，杨晓红，王家全 译
出版信息：当代中国出版社，2005 年版

　　兰斯·班尼特是华盛顿大学政治传播学教授。1983 年，他的名著《新闻——政治的幻象》出版发行，数十年来多次再版。该书在对媒体运行机制和大量现实案例的基础上讨论了新闻与政治、政府与公众等关系，深刻阐述它们之间错综复杂的利益交织。

　　当下，媒介技术的迅速发展，丰富了人们获取信息的渠道和途径，新的信息传播载体不断涌现。因此，类似"人人都有'麦克风'，人人都是新闻发言人"的说法广泛流行。但是，仔细观察我们就会发现，传统媒体提供的新闻仍然是我们最基本、最核心的信息来源，政府、政治家和大型媒介公司始终掌握着新闻话语权。本书中，兰斯·班尼特教授揭开了媒体、政府、商业利益之间的神秘面纱，揭穿了媒体自由的神话。

　　他认为，数字时代对传统的信息传播方式提出了挑战，人们可以更容易地摆脱新闻频道，转向他们所真正关注的事情以及信息来源，政治家们越来越难以控制信息议程，也越来越难以把他们的信息传递给人民。但统治者发现他们的信息难以达到公众时，便会采取措施，利用各种传播渠道形成传媒攻势，达到影响舆论和设置社会议程的目的。事实上，在世界民主发展的过程中，信息越来越被控制在部分政治精英手中，成为公民公平参与社会事务的最大障碍。

　　言论自由并不能保证好新闻，也不能保障信息畅通。因为，新闻对我们生活的这个世界的反映是有选择的、不断演变的。这种选择过程就决定了记者和媒体报道什么、采访谁，以及报道他们的哪些言论，强调新闻的哪些要素。在媒体高度商业化的今天，盈利成为主导媒体报道决策和新闻选择的主要因素。利益驱动导致新闻质量下降和低俗信息泛滥。传播媒介提供的信息无法反映现实生活中最基层老百姓的意见，无法鼓励人们积极参与社会事务，反而成为导致受众脱离政治和刺激低级趣味的毒药。在人们生活中占据重要地位的信息，在企业盈利压力、政治谎言和公众低级趣味的共同作用下，变为一种难以让人理解的、混乱的产物。

　　美国媒体喜欢标榜它们拥有高度自由，并以公正、客观宣扬它们的新闻价值。但是，在兰斯·班尼特看来，美国媒体的报道具有较高的倾向性。这种倾向性不仅包括记者的倾向性，还包括编辑、广告商和媒体老板的政治倾向，记者的倾向只不过是众多把关环节中一部分而已。因此，"对于新闻的真实性和客观性的要求是可以理解但是无法做到的"。历史上，新闻客观性和公共性是保护媒体自由的盾牌。但是，美国商业新闻体系几乎与公共服务和责任格格不入。"如果我们揭开新闻自由的面纱，我

们会发现企业用《第一修正案》作保护伞，更多的不是为了保护它们发表有政治风险内容的自由，而是为了保护它们放弃服务公众利益转而追求利润的行为"。对媒介所有者来说，新闻只是一种普通的商品，不再是一种公共服务。媒体自由更多的是媒体所有者的自由或者是赚钱的自由而已。新闻内容常常直接为商业价值所限，所以，新闻主管和市场顾问考虑的主要问题是什么样的新闻能卖得出去，而不是如何教育人民理解具有挑战性的事情。

兰斯·班尼特教授的这本书从一个新的角度进行新闻和政治的研究，揭穿了我们习以为常的很多神话，提出一系列需要严肃对待的问题和自己的见解。这有助于我们更好地了解美国大众传播媒介现状，准确认识中国媒体制度、自身的优势和存在的不足。

延伸阅读：

1. 李彬、宫京成主编：《马克思主义新闻观十五讲》（第二版），北京，清华大学出版社，2017。

2. ［美］罗伯特·麦克切斯尼：《富媒体穷民主》，谢岳译，北京，新华出版社，2004。

3. ［美］甘斯：《什么在决定新闻》，石琳、李红涛译，北京，北京大学出版社，2009。

81. 《作为话语的新闻》

作者：托伊恩·A. 梵·迪克 著，曾庆香 译
出版信息：华夏出版社，2003 年版

　　《作为话语的新闻》第一次试图把话语研究和媒体研究结合起来，集中论述了媒体中最重要的一种话语类型——报纸上的新闻。此外，作者还非常重视话语的认知视角，并努力建立（新闻）话语和认知之间的联系。作者这种将话语和认知相结合的跨学科研究，与其自身的学术经历不无关系。

　　梵·迪克具有阿姆斯特丹菲力大学法语语言文学学士学位、阿姆斯特丹大学文学理论硕士学位和阿姆斯特丹大学语言学博士学位，曾在斯特斯堡、巴黎和伯克利做研究。早期研究文学语言学，很快转向"文本语法"和话语语言学，后与沃尔特·金什研究话语加工中的认知心理学。作者非常热衷于跨学科和多学科领域的研究，其中之一便是话语分析和媒体或大众传媒研究的结合。在他看来，这两者联系非常紧密，都涉及话语研究，并且认为我们对媒体的研究，特别是对信息的研究不能仅限于对信息做"内容分析"，囿于一种量化描述，而是应当采用更为复杂的多学科的话语研究理论和方法，来进一步探讨大众媒体信息的意义、结构或影响。

　　比如，书中列举新闻话语中词汇的选择，就是显示隐含观点和意识形态的一种重要手法。传统上用"恐怖分子"而不是"游击队员"和"自由战士"的这种做法只是其中的一个例子。使用"暴乱"而不是"混乱"，用"流氓分子"而不用"游行示威者"等都属于这种情况。很大一部分隐含的视角、观点和报纸通常否认的意识形态都可以从这些描述社会团体及其成员的词语选择中推测出来。正如作者所说，我们的研究结果显示了意识形态与隐含在新闻制作和理解过程中的认知再现之间存在的相互联系的表现方式，从而为人们更好地理解媒介框架与受众框架如何相互作用提供了一个很好的范本。

　　本书还有一本姊妹篇《新闻分析》，主要集中于新闻案例分析，如果感兴趣的读者，可以将两本书结合在一起进行阅读，从而能够更加清晰地了解作者自 20 世纪 70 年代末期对新闻进行研究的成果。

延伸阅读：

　　陈原：《语言与社会生活》，北京，生活·读书·新知三联书店，1999。

82. 《关于电视》

作者：皮埃尔·布尔迪厄 著，许钧 译
出版信息：辽宁教育出版社，2000 年版

皮埃尔·布尔迪厄（Pierre Bourdieu）是当代法国最具国际性影响的思想家之一，堪与 20 世纪 50 年代的萨特和 80 年代的福柯媲美。而让这样一位大家来谈论电视，更可谓庖丁解牛，游刃有余。

本书的译者许钧是教育部长江学者特聘教授、著名翻译家，译著包括享有盛誉的法国长篇小说《追忆似水年华》。

大家之作，大家译作，可谓天作之合。

对于电视媒介的批判，"有一些激进的知识分子拒绝媒介，特别是拒绝上电视，他们宁愿选择站在媒介之外来批判媒介的策略"，但是，布尔迪厄却提供了另一种策略：利用电视来为电视解魅。他选择"参与性对象化"的方法，从内部揭露媒介体制鲜为人知或人们所忽略的那一面，以至于《关于电视》一经面世便在法国传媒界和知识界引起了轩然大波。

《关于电视》主要是根据布尔迪厄在巴黎法兰西公学院讲授的两堂电视公开教学课的演讲录，书并不厚，除去附录全书不足 5 万字，但是内容理精义要、脉络清晰，对学界所取得的有关电视的研究成果作了综合评价。

布尔迪厄以犀利的分析有力地揭露了电视在资本主义社会中两个基本功能：反民主的象征暴力和受商业逻辑制约的他律性。这也构成了本书的两个部分。

第一部分，是分析论证电视在当代社会并不是一种民主的工具而是带有压制民主的强暴性质和工具性质，剖析了影响电视的隐形媒介审查行为的内部机制，揭露了电视形象与电视话语这些假象背后的运作秘密。布尔迪厄认为，在后现代文化中，影像文化的特殊优越地位构成了电视在新闻场中经济实力和符号表达力都占据上风，进而对其他媒介构成了一种暴力和压制，甚至影响到它们的生存。在揭示电视这种功能特征时，布尔迪厄关注的焦点在于，象征暴力是一种通过施行者与承受者的合谋和默契而施加的一种暴力，通常双方都意识不到自己是在施行或在承受，而社会学就是要把被掩盖的东西揭示出来。这表明了作者鲜明的文化批判立场。

第二部分，揭示了统治新闻场域的电视如何通过引入收视率逻辑，即对商业需求的蛊惑性服从逻辑，深刻地改变了不同场域的运作，这些场域不仅包括艺术、文学、哲学和政治场域，甚至包括法律和科学场域。

布尔迪厄以习性、场、象征暴力等概念为中心创立了建构主义的结构主义理论，敏锐的社会学洞察力和深刻的哲学思辨力使得布尔迪厄对电视行业内部一系列看似矛盾的现象作出了鞭辟入里的分析，今天看来，依旧耐人深思，发人深省，具有重要的

理论价值和现实意义。

延伸阅读:

1. 徐葆耕:《电影讲稿》,北京,北京大学出版社,2006。
2. 吴迪:《中西风马牛》,北京,文化艺术出版社,2004。
3. 书云:《西藏一年》,北京,十月文艺出版社,2009。

83. 《媒介批评——起源·标准·方法》

作者：王君超 著
出版信息：北京广播学院出版社，2001 年版

在本书出版的 2001 年，国内系统论述媒介批评的专著可谓是凤毛麟角，因此，本书甫一出版，就被评价为具有"开拓性"的著作。

该书以世纪之交的国内外大众传播媒介为广阔的研究背景，结合作者从事新闻工作的实际，从媒介批评的定义和基本属性入手，依次探讨了媒介批评的起源、理论、标准与方法，并对西方的媒介批评理论和中国当代的媒介批评予以评析，指出了建设有中国特色社会主义媒介批评学的途径。

全书共分七章，第一章"媒介批评概说"从定义、属性、类型与特点等角度逐一介绍"媒介批评"针对的人群、讨论的对象、实践的方法。本章对"媒介批评"进行了本体论维度的讨论，同时为"媒介批评"这一概念划定了边界，确定了概念相关的主要问题。第二章"媒介批评溯源"从西方媒介批评、马克思逐一媒介批评以及中国媒介批评萌芽三部分作了逐一介绍，并在此基础上在第三章细致讨论了西方"媒介批评"理论中的批判传统——不论是法兰克福学派对于文化工业的批评还是"媒介帝国主义"对于全球传播秩序的批评，其"批评"都不止于（负面）评价、评论，而是带有更高的社会理想，即在对现有社会实存的清醒认知基础上，期冀社会变革的发生。在这样的思路下，作者的相关讨论自然而然引向了有关媒介批评的标准、方法以及对中国当代媒介批评的评析——这部分是在之前梳理相关理论的来源、历史、沿革基础上，对媒介批评的实践性发展与实操性建议具有很强的现实指向性。最后一章则从学科发展角度讨论了"中国特色的社会主义媒介批评学"之确立。其中特别提到了彼时建立媒介批评学的掣肘之处——媒介批评的论、史、方法系统尚未形成，理想的媒介批评环境尚未出现。

本书出版至今已经十多年了，媒介批评领域先后出版了多本专著，其中不乏专门从学科历史或理论角度深耕细作的作品（比如雷跃捷的《媒介批评》）。比较之下，本书的可贵之处在于，得益于作者曾长期奋战在新闻采编一线的工作经历，本书能够理论结合实践，尤其是对即将从事或参与"媒介批评"的学生群体，提出了具有操作性的建议，并启发这一读者群体积极思考与现实可行性有关的一系列问题。从这一角度出发，这本书可以常读常新。

84. 《理解大众文化》

作者：约翰·费斯克 著，王晓珏、宋伟杰 译
出版信息：中央编译出版社，2001 年版

　　本书是传播与文化研究领域的一部代表作，作者约翰·费斯克是知名的传播学者，出生于英国，在剑桥大学取得博士学位后，曾执教于澳大利亚、英国、美国等多所西方大学，在大众文化，尤其是电视文化领域著述颇丰。

　　作为一本大众文化研究的专著，《理解大众文化》一书试图修正法兰克福学派在研究"文化工业"成因及社会效果时提供的批判视角，并试图提供除上述"文化悲观主义"以及文化多元主义视角之外的"第三条路径"，即通过研究大众文化消费中的"文化抵抗"，赋予大众文化消费者某种主体性地位及自觉性意识，进而讨论在受众原子化、个体化时代进行社会变革的可能。

　　事实上，这种"文化修正主义"的视角，或曰"文化研究的第三条路径"代表了20 世纪 70 年代开始文化研究领域的一系列重要蜕变。文化研究领域曾涌现出三代学人。第一代学人以霍加特、雷蒙·威廉斯为代表，其对英国工人阶级文化的研究深受法兰克福学派的影响。第一代学人的经典著作《识字的用途》（霍加特）、《英国工人阶级的形成》（E. P. 汤普森）以及《文化与社会》（雷蒙·威廉斯）不仅关注日常生活中的文化与阶级意识、社会地位的密切联系，而且关注工人阶级及乡村社会日常文化中的政治经济性结构。换言之，在阶级文化的基础上，这一阶段的文化研究与传播政治经济学可谓一体两面，它们同时注意到文化霸权对于特定阶级的压抑性作用，并试图利用相关研究提供解决方案、推动社会变革。

　　随着英、美 60 年代反文化运动的退潮，文化研究学者的研究旨趣也相应变化。1973 年，时任伯明翰大学当代文化研究中心主任的斯图亚特·霍尔发表《电视讨论中的编码和译码》。可以说，这部作品的经典化过程标志着文化研究的第二代学人全面登上历史舞台，并逐渐成为聚光灯下的主角。一方面，第二代学人继续关注大众文化中的意识形态编码过程；另一方面，对于受众解码过程的研究渐入高潮。在这一理论视野下，受众不再被动接受文化霸权的支配，其主动的"解码"过程披上了一层"文化抵抗"的色彩，受压抑的文化主体对文化霸权的抵抗及后者对前者的收编遂成为文化研究的核心议题。此外，亚文化研究、女性主义与少数族裔文化研究的开展充实、丰富了文化研究的学术内涵，客观上使英国文化研究的关注对象从阶级文化逐渐转向了身份政治，加上英、美学术界同时期兴起的文化多元主义话语对阶级话语的冲击，第二代学人的研究方向开始偏离文化研究中的马克思主义传统，也就与传播政治经济学研究渐行渐远。其间，达拉斯·斯迈斯与斯图亚特·霍尔的一系列学术争论颇值得注意。后者在研究中不断强调"社会差异"，并逐渐淡化"阶级意识"，这一做法看似

拓宽了文化研究的受众群体、大众文化由此取代了工人文化成为研究主体，但研究主体的政治性同样被稀释甚至弃之不顾。"文化"与"政治"在这一过程中被割裂开来，英国文化研究的辉煌时期也随之徐徐落幕。

约翰·费斯克等被认为是这一研究领域的第三代学者。事实上，费斯克提出的"第三条道路"正体现了文化研究领域中由于上述历史性实践形成的一系列悖论性逻辑，以及由此带来的理论张力甚至危机。在《理解大众文化》一书中，穿美国西部牛仔裤、观看娱乐性电视节目、阅读耸人听闻的小报、在商场里小偷小摸、参与打架斗殴，甚至黑人青年为反抗白人主流教育而辍学、女性为反抗男权压迫而选择不婚等，都可以被解释成社会中无权者向统治者进行文化游击战的创造性实践。费斯克自称"乐观的怀疑主义者"，并认为上述行为使社会结构中的失意者、受压迫者摇身变为文化上的胜利者——这样的文化观是否带有一种阿Q般的自欺欺人呢？且不说黑人青年的辍学与女性的不婚之举是否发自真心抑或是无法改变现实的无奈之举，当社会行为被研究者"编码"为符号式的文化抵抗，费斯克所说的社会变革就真的会到来吗？研究者的符号式解读无法代替社会学分析。上述挑战主流社会秩序的行为所产生的后果很可能是参与者的进一步边缘化与底层化。换言之，为追求一时文化快感，参与者付出的代价很可能是长期的文化痛感与事后的追悔莫及（如辍学的黑人青年、因偷窃或斗殴而被收监的无知青年）。只追求符号层面的解放而对社会现实置身事外的研究者也难以迎来他想要的社会变革。

随着大众消费时代的到来，碎片化、单子化的受众带来了学术研究的碎片化与符号化，这在文化研究领域几成事实。正是这样的现实，促使我们重新考虑和定位现实中被忽视的新型生产关系、社会网络与日益复杂的劳动过程。在此基础上，重估文化研究领域的核心问题与学科边界，也许是我们这个时代必须面临的挑战。

85.《东方学》

作者：爱德华·W. 萨义德 著，王宇根 译
出版信息：生活·读书·新知三联书店，2007 年版

爱德华·W. 萨义德（Edward W. Said，1935—2003），出生于耶路撒冷，在英国占领期间就读于埃及开罗的西方学校，接受英式和美式教育，20 世纪 50 年代赴美就学，获哈佛大学博士学位，1963 年起任教于哥伦比亚大学，讲授英国文学与比较文学。萨义德作为当代极具影响力的文学和文艺批评家之一，积极参与巴勒斯坦的政治运动，一度成为巴勒斯坦在西方世界最雄辩的代言人。曾写作《知识分子论》的萨义德身体力行地实践了既"解释世界"，又"改变世界"的崇高理想。

《东方学》作为萨义德的代表作，从三个方面展示了 Orientalism 一词的含义：一种学术研究学科；一种思维方式；一种权力话语方式。三者紧密相关，后者在现实秩序中推动并维系着前两者。萨义德在全书序言中直言对福柯式的"话语与权力"理论的欣赏，并把这一视角贯穿在了全书结构中。在萨义德笔下，大学的围墙难以分隔学术体制与现实权力的藕断丝连，揭示两者之间被"中立"的学术话语粉饰并遮蔽的关系是萨义德冷酷又理性的审判，这一现实审判一直延续到他的另一新闻学著作《报道伊斯兰》中。换言之，作为美国《宪法》理想的"国家与教堂的分割"（the wall of separation between the Church and State）不是政治乌托邦，而是一种遮蔽现实权力关系的话语结构。

萨义德在《东方学》中写道："东方仅仅是西方为了自身行动中的现实效用以及西方思想的进步而所做的一种建构。作为一个明确的对象的东方根本就没有存在过；东方仅仅是一本模式化了的书，西方人可以从中挑选各种各样的情节，并将之塑造成适合于西方时代的趋势。"但是，西方学术传统中对"东方"作为"他者"的概念化建构并非出于闲庭信步般的学术兴趣，也并非罗曼蒂克式的学术创造，而是具有鲜明的政治意味。作为学科的"东方学"总是和殖民当局、强权联系在一起，它寻求一个服务的对象；而"东方学"作为一种普遍的、流行于世的思维方式，由走向大众的东方学家们和不严肃的媒体所牵引、主导，并最终成为了大众文化与社会意识的一部分。

今天，萨义德的"他者"成为中外学术界最常被引用的概念之一，但绝大多数概念引述者止步于运用概念进行学术内部"批判"。在《东方学》早已获得经典地位之际，面对所谓"太阳底下没有新鲜事"，我们是否能在阅读《东方学》的基础上，指认日常学术研究中普遍存在的政治性，并如萨义德般借由学术研究介入政治？重读下面这段话，也许能够帮助我们回忆起本书这种现实指向性极其鲜明的风格：

《东方学》以对 1975 年黎巴嫩内战的描写为开端，这场战争结束于 1990 年，但是

暴力与丑恶的人类流血事件却延续至今。我们经受了奥斯陆和平进程的失败、第二次巴勒斯坦人起义爆发以及遭到再次入侵的西岸与加沙地带的巴勒斯坦人的可怕苦难，在那里，以色列使用 F-16 战机与阿帕奇直升机对手无寸铁的平民进行了例行集体惩罚行动。自杀性炸弹袭击现象充分显现出了它所具有的可怕的破坏性，这当然没有什么比"9·11"事件及其后对阿富汗和伊拉克的战争更骇人听闻、更具有末日预言的昭示意义了。正当我写作本文时，美、英对伊拉克非法的和未经授权的入侵与占领正在进行，随之而来的则是匪夷所思的物质掠夺、政治动荡和变本加厉的侵略。这都被认为是那个被称作文明冲突的一部分，无休无止、无法平息、不可救药。但我认为并非如此。

延伸阅读：

[美] 萨义德：《报道伊斯兰》，阎纪宇译，上海，上海译文出版社，2009。

86. 《麦克卢汉——媒介及信使》

作者：菲利普·马尔尚 著，何道宽 译

出版信息：中国人民大学出版社，2003 年版

马歇尔·麦克卢汉被称为"将传播学带入世界中心"的学者。这位在镁光灯中与讲台上都曾掀起万丈波澜的学者，终其一生都生活在争议、谩骂或崇拜中。虽然对麦克卢汉的评价呈现出分裂的两极化态势，但任谁都无法忽视他的存在：有人认为他是电子时代的先知；有人认为他是通俗文化的江湖术士；在更广为流传的一种说法中，麦克卢汉被称为电子时代的预言家。之所以被称为"预言家""先知"，是因为麦克卢汉的思想成型于 20 世纪 60 年代。那时，电视作为"印刷时代终结"后的竞争性媒介初登历史舞台。麦克卢汉敏锐地观察到电视给人类感官、社会组织等方方面面带来的革命性影响，他不仅感知到了这种变化，更重要的是预言了电子时代对人类社会从内到外的巨大改变。

国际上的麦克卢汉研究曾有过两次高潮，除了麦克卢汉在世时的 20 世纪 60 年代外，自 20 世纪 90 年代以来，尤其是随着互联网的逐步普及，麦克卢汉提出的"媒介即信息""地球村""人类社会重新部落化"等一系列论断一一成真，学术界遂开始重新审视麦克卢汉的遗产。今天，我们一边谈论人工智能的未来、虚拟现实对人类感官的重新改造，一边在微信、微博及社交媒体中体验着线上圈子文化——《黑客帝国》中的数字控制是否几近成真？至少可以说我们就生活在麦克卢汉曾经用语言、激辩与思想勾勒出的世界中。

麦克卢汉留下的遗产很多，其中最发人深思的一条是他做学问、搞研究的"方法"：他不服膺于任何流派、理论或现有知识，麦克卢汉最让编辑头疼的一件事就是，"他书中 80％ 的内容是新的"。他不急于将自己的著述结构化、理论化和经典化，许多时候不下结论而是勾勒问题。"重要的不是问题的答案，而是提出问题"，罗素的这句话放在麦克卢汉身上同样适用。麦克卢汉自己说，"我从来没有把探索的结果当作揭示的真理。事实上，如果后来的发展并不能证明我的观点，如果我发现自己的言论并不能有助于对问题的了解，我随时准备抛弃我就任何课题发表过的言论"。在评估电视等"新"媒体、"新"事物的社会效果时，他不像其他从印刷时代余晖中走出的学者对于超级机器的诞生或者流行文化的普及心怀忌惮。麦克卢汉在文章中说，"使柏拉图、伊拉斯谟、蝙蝠侠和披头士和谐共处"。"他不蔑视流行艺术，而是邀请我们研究它；他不害怕超级机器，而是预言其死亡；他不忽视集中化的力量，而是预告其非集中化的走势"（尼尔·波兹曼）。从这个角度讲，麦克卢汉既是一位被误读的"技术决定论者"，也是青年学者的朋友。阅读麦克卢汉的学术及人生、著述与杂谈，有助于青年学者开启传播学的想象力和好奇心，并在两者的驱使下思考并找到研究的真

问题。

　　本书作者、加拿大学者菲利普·马尔尚 1968 年师从麦克卢汉。20 年后，马尔尚为先师立传，追溯麦克卢汉的人生和学术轨迹。从麦克卢汉在加拿大、英国的求学经历，以及他和多位前辈学者的交往中，我们可以更好地了解他思想形成的过程。此外，阅读这样一部已经位列经典的传记作品，也许能够帮助我们重新思考和了解"原创性"的含义。可以说，无论是对技术之社会效果反思，还是对流行文化、文学"新批评"的研究，在麦克卢汉之前都有学者研究和关注过。麦克卢汉的特别之处，或许就在于他可以在诗学、后现代理论、技术批判论等各个人文学科间自由穿梭，告诉我们还存在着许多"无法知道的未知"（unknown-unknowns），并指点出已经存在、却被世人的集体无意识忽略的"未被察觉的已知"（unknown-knowns）。

87. 《后工业社会的来临——对社会预测的一项探索》

作者：丹尼尔·贝尔 著，高铦 等译
出版信息：新华出版社，1997 年版

　　研究和社会预测是学者与社会活动家热衷的主题，尤其是面对剧烈社会变迁之时。丹尼尔·贝尔发表于 1973 年的这部作品，就是这方面的一部代表作。"二战"以后的美国，随着新技术的出现以及技术与知识阶层人口的大量增长，以制造业为核心的社会生产模式逐渐向由信息引领、服务导向的新型生产模式过渡。贝尔敏感地感知到了这种变化，进而认为西方工业革命以来的工业社会行将终结，因此，他将旧的社会模式逐渐退潮、新的社会模式尚未全面到来的过渡时期冠以"后"的称谓。

　　名者，知也。贝尔认为后工业社会将会取代工业社会成为新的统摄性系统，由工业社会向后工业社会的转变主要涉及五大基本内容：（1）在经济上，由制造业经济转向服务性经济；（2）在职业上，专业与科技人员取代企业主而居于社会的主导地位；（3）在中轴原理上，理论居于中心，是社会革新和制定政策的源泉；（4）在未来，技术发展是有计划、有节制的，并且技术鉴定极受重视；（5）智能技术将在决策制定环节发挥重要作用。那么，上述变革会对资本主义文化体系带来哪些冲击性影响呢？贝尔于《后工业社会》出版的 3 年后，发表了该书的姊妹篇《资本主义文化矛盾》，并在该书的前言部分，对两本书间的关联进行了说明：前者"力图说明，技术（包括知识）和理论的高度集约化正成为创造发明和制定政策的新原则，并日益改造着技术－经济体制和社会分层体系"；后者则在此基础上"讨论文化的问题，尤其是关于现代主义文艺思想，并讨论在社会价值观强调欲望不加节制的情况下如何管理复杂政治形态的难题""当代资本主义的种种矛盾是由于曾把文化与经济维系在一起的绳索已经散解，由于享乐主义已成为我们社会的主导价值观和影响"。

　　在"后工业社会"这一概念问世后，西方学术界先后出现了后资本主义社会、后现代社会、后文明社会、后集体主义社会、后意识形态社会、后传统社会、后福利社会等一系列以"后"为名的新概念、新名词，这一方面说明了贝尔所著之影响，另一方面，也说明了社会思潮中对于变革到来的普遍感知。

88. 《人类传播理论》

作者：斯蒂芬·李特约翰 著，史安斌 译
出版信息：清华大学出版社，2004 年版

由美国学者斯蒂芬·李特约翰所著的《人类传播理论》自 1978 年问世以来，近 40 年来已经再版 9 次，目前英文版已出到了第 10 版，中文版也于 1999 年面世，并数次再版。多次再版本身就说明了本书的价值以及其在学术界的受推崇程度。作为一本综合了传播学多种理论、视角与学术资源的经典教材，《人类传播理论》从理论源流、研究方法、学术传统等多个角度总结了传播学在半个多世纪的形成、发展中所涉及的理论资源以及现有研究成果。其中，《人类传播理论》的一个鲜明特色就是对传播学批判理论的系统性引介。因此，在这本权威教科书中形成了经验学派和批判学派"双峰并峙"的学术格局。

传播学作为一门"二战"后兴起的"年轻"学科，改革开放之后方被引入中国。按照清华大学李彬教授的总结，目前在中国影响较大的传播学理论有三部，分别是：威尔伯·施拉姆的《传播学概论》，该书是改革开放后第一部译介到中国的传播学著作，对传播学研究在中国的起步和发展起到了首屈一指的作用。据李彬教授回忆，彼时在传播学者中间，甚至形成了"言必称施拉姆，论必出《传播学概论》"的风气。第二本在中国引入较早、较有影响力的英文传播学教材是美国学者赛弗林、坦卡德合著的《传播学的起源、研究与应用》，这本书主要面向初学者，作者之一的坦卡德是施拉姆的博士弟子。第三部就是本文谈及的《人类传播理论》。根据李特约翰在英文原版前言中的介绍，《人类传播理论》是面向"高年级本科生和研究生"的一本"对传播学理论进行概观式介绍的教科书"，该书"旨在为这些学生提供一本高质量的教科书，帮助他们完成本科的专业学习"，同时"为他们开始研究生阶段的学习打好基础"。

全书分为三个部分，第一部分"探索和理论的本质"着重介绍传播学科的理论传统，启发有志从事传播学研究的学子积极思考理论内部的优化问题，以及外在于传播理论，并以"前"理论、"超"理论出现的认识论、本体论、价值论问题。简言之，理论是对现实的提炼、简化与升华，好的理论能够启发人们认识并关注既有结构与规律。同时，好的理论必然具有一定的开放性，在凸显现实秩序的同时，不会遮蔽现实的复杂、多元与异质性存在。举例来说，李特约翰特别在英文原版序言最后感谢研究助理为之介绍的东方传播理论，并表示类似著述"丰富了本书原有的西方中心的视角与语境"——不用理论的概念性图式替代现实的丰富与多元，不将立足于西方经验的传播学理论作为普适真理对待，这需要研究者能在不迷信既有理论的基础上进行创造性思考。

第二部分介绍了 9 种传播学领域的重要理论，其中包括早期的系统论、符号与语

言理论、话语理论与批判理论等。这些理论主要关注基于信源、内容、媒介、受众以及效果中的某个、某几个要素或整个系统性的传播过程。

第三部分则主要关注"传播的语境主题"。麦克卢汉曾言，鱼到了岸上才知道水的存在。李特约翰进而启发我们思考信源、内容、媒介、受众以及效果的外部情境，即传播过程发生其中却往往难以察觉的传播语境（context）：从最小的单位人际关系，到组织关系、群体关系、传播网络等中层结构，最后是以社会为宏观结构的大众传播。通过第二、第三部分一横一纵、一内一外的梳理，《人类传播理论》有节奏、有层次地完成了对现有学科体系的梳理。

值得一提的是，新版《人类传播理论》增加了一名新作者，即女性主义传播批判理论的代表人物之一凯伦·福斯。通过不断介绍传播学界的新理论、新学人、新的代表性观点，本书在不断再版的过程中一直保持着对学术前沿动态的关注。

延伸阅读:

1. ［美］赛佛林、坦卡德:《传播理论：起源、方法与应用》，郭镇之主译，北京，中国传媒大学出版社，2006。

2. ［英］丹尼斯·麦奎尔、［瑞典］斯文·温德尔著:《大众传播模式论》（第2版），祝建华译，上海，上海译文出版社，2008。

89. 《世界传播与文化霸权——思想与战略的历史》

作者：阿芒·马特拉 著，陈卫星 译
出版信息：中央编译出版社，2005 年版

　　标题已经将书籍的主要部分总结得很清晰，这是一本介绍世界传播之思想和战略历史的书籍，并借由对国际传播发展历史的书写，回答了西方世界的文化霸权在这一过程中是如何确立的。

　　值得一提的是，这本书的文体很有意思。不同于一般学术著作围绕特定论题展开每章、再由一个个问题组成全书，也不同于一般的历史学著作用人物或时间穿起整本书，这本书可以说构成了某种"开放"文体。一方面，国际传播的奠基、形成、发展、现状等时间线索的确贯穿全书，战争、技术、意识形态等各个章节也并不是完全没有主题。但是，这是一本充满了"事实"，而缺少"论断"的书。换言之，作为一名读者，阅读的过程可能更类似"拼图"，而并非被作者说服或引导——通过阅读一个个事实、故事、人物，读者须自行将"世界传播为什么确立了文化霸权"这一问题回答完整。马特拉用丰富的知识、内容、人物写就了一本学科史并同时是社会史、技术史，更关键的是，这本书同时可以被作为关于"传播"的观念史来阅读。

　　也许是因为"国际传播"曾长期作为战争动员与公共舆论控制的重要方法而存在，所以作者才放弃了用"劝服"这种传播学重要研究对象之一的方式写就全书。之所以称其为"开放的文本"，是因为阅读过程中，如果有心的话，可以将各个部分涉及的内容和人物串联起来，进行一种有机式地阅读。比如，通过阅读这本书，也许我们会忍不住提出一系列问题（阅读过后便可能找到答案）：

　　为什么国际通信制度（包括人造卫星和无线通信手段）成为了传播学研究的一部分？美国五角大楼为何要投资兴建互联网的前身阿帕网？互联网诞生与发展的历史与民族国家的经济—技术需求有什么关系？与全球化进程又有何关联？在这个基础上，如何理解"网络主权"？美国在 20 世纪 50 年代出台的《国家安全条例》与美国微型计算机技术的发展以及朝鲜战争之间有哪些现实与逻辑关联？为什么美国传播学四大奠基人之一的霍夫兰将"劝服"作为自己的主要研究方向？传播学的重要开拓者施拉姆为何会在美国中央情报局前身的战略情报局供职，又在何种机缘下写下《一个城市的赤化：共产主义者占领汉城，一个目击者的叙述》？传播与战争动员、舆论控制、经济提速、信息时代、冷战时期意识形态有哪些关系？或者说，技术、经济、文化与政治如何历史性地塑造了"传播"作为一个新兴学科的问题意识和研究边界？

　　最后，学科的历史，并不仅仅是抽象概念的历史，并不是抽象概念造就了"传播

学"。正是全球各个区域在连续历史中的战争、冲突、国际竞争、国际合作，创造出了一系列亟待研究者解决的问题，而这一系列有现实政治关联的问题以及研究者们通过理论创建所提供的解决之道，勾勒并构成了作为学科存在的国际传播。关于"国际传播作为一个学科的主要研究问题和研究边界"这一问题，本书的回答也许是最好的，也是最具启发性的。它告诉我们，国际传播的现实能指是国际政治以及变动中的世界秩序，它始终是一门实用性很强的学问。

开卷有益。

90. 《大众传播媒介与国家发展》

作者：韦尔伯·施拉姆 著，金燕宁 等译
出版信息：华夏出版社，1990 年版

先进文明是否应该介入或帮扶落后文明的发展进程？类似的介入或帮扶行动是出于怎样的道德动机，抑或是现实因素？介入的一方该如何完成两者间的逻辑自洽？2013 年上映的好莱坞系列电影《星际迷航：暗黑无界》涉及了这一系列问题。电影开片，"企业号"被召回 23 世纪的地球，在返程的曲速飞行中，"企业号"发现 M 星即将因为活火山爆发而灭亡。根据星联法则规定，已掌握曲速飞行的文明不得对曲速前文明进行人为干涉，但出于人道主义原则，"企业号"船员决定以向火山口注入冷芯的方式帮助外星人与生物摆脱灭亡命运，于是伪装成外星人的两名船员踏上了征程——要介入、要帮扶，但要以完全不被察觉和不改变外星文明进程的方式。

从 20 世纪 70 年代开始，科幻片逐渐成为好莱坞的固定类型片之一，但包括《星球大战》《星际迷航》系列的科幻片常被影评人称为"怀旧电影"——剧情结构与人物设计贴近宏大叙事与经典英雄的套路，价值观往往体现美式传统，而非后现代化的碎片化叙事，只是用科技外衣与时空切换包装了两者。所以，电影中的故事并非关于"未来"，而是有关"过去"。

《大众传播媒介与国家发展》出版于 1964 年，是发展传播学第一阶段的代表作之一。书如其名，围绕发展中国家的战略性发展与大众传播媒介在其间的功能展开论述，强调发展中国家应充分重视大众传播的作用。施拉姆建议，联合国教科文组织在内的外部机构和国家在向发展中国家提供各项援助与低息贷款时，发展中国家在使用相关贷款与援助进行国家建设时，应注意对大众传播事业及相关技术的投入。需要特别提示的是，本书问世的年代正是"冷战"最"热"的时期，作者也是"冷战"传播学的代表人物，而此书的立意也在于同社会主义阵营争夺广大的发展中国家。

本书在历史上产生过较大影响。《大众传播媒介与国家发展》第一次具体而全面地阐述了传播与发展的各种现实问题，把发展传播学推进到更富有实践性的新阶段，在 20 世纪对学术界、传播界以及发展中国家的政府部门都产生了很大影响。书中的一些基本观点，如媒介可以在推广农业技术、普及卫生知识、扫除文盲、实施正规教育这 4 个方面发挥直接作用，已经成为了发展传播学各个阶段的常规议题。其他的一些理论，比如，大众媒介对人的道德行为以及社会结构的改造，则在世界范围内引起了广泛争论。大众传媒的发展是国家现代化过程中的重要部分，但相邻国家、地区间的文明一衣带水，是联系而不是分隔的，因此，一国传播系统的发展与区域性、全球性传播体系的形成及发展联系紧密。此外，世界历史上的殖民化过程在不同地域间建立了广泛联系与不平等关系，西方文明在这一过程中遍布全球，其先进的传播体系是全球殖民化过程的重要遗产之一。西方发达国家与发展中国家的不平等也体现在传播领域，或者说，现代全球传播体系继承并加剧了文明发展中历史性不平等的格局。基于对上述问题的思考，从第二代发展传播学理论中诞生了"媒介帝国主义""依附理论"等揭露和批判上述事实的批判传统。

《大众传播媒介与国家发展》一书的贡献在于针对发展中国家的现实困境提出了具有针对性的政策建议；萨米尔·阿明（Samir Amin）、贡德·弗兰克（Gunder Frank）等学者则力图探究上述困境在全球传播体系与政治、经济秩序中的现实根源。但发现问题能帮助我们解决问题吗？历史在前进，理论得失需要在实践中进行检验。今天，我们不仅活在理论所影响和塑造的世界，我们同样生活在电影中的过去和施拉姆理论中的未来。我们该如何看待过去、现在和未来？这不是一个价值判断，而是一个存在选择，是每个人在生活中必须思考和面对的问题。意识到这点，也许能够帮助我们跨越认识与行动、理论与现实、批判与经验间的鸿沟。

91. 《传播学史——一种传记式的方法》

作者：E. M. 罗杰斯 著，殷晓蓉 译
出版信息：上海译文出版社，2005 年版

"任何涉入一条新的河流的人都想知道这里的水来自何方，它为什么这样流淌"。E. M. 罗杰斯是当代美国著名的传播学学者、发展传播学的重要开创者，因首创创新扩散理论而著称，同时也是"议程设置"理论的主要代表人之一。在 20 世纪 50 年代，当他还是一名研究生的时候，出于对传播学史与日俱增的好奇心，萌生了撰写《传播学史》的念头，"在我已完成的约 20 本著作中，写作一部历史是最最强烈的体验。这也是最最有趣的事情，它所提供的是那种挠抓奇痒的愉悦，那种使人们知道如何走出迷宫的愉悦"。

作为一直活跃在传播学学术研究第一线，密切关注及参与传播学理论的重大发展阶段，并与众多著名传播学研究者相识、共事、经历的学者，罗杰斯来撰写这部《传播学史》最为合适不过，其亲身体验的经历足以让这段"传播学史"更为鲜活丰满。正如本书的译者殷晓蓉所说："罗杰斯循着传播学发展的现实轨迹和思想脉络，开创了一种将理论、历史和个人传记结合起来的方式，并在此基础上翔实而又准确地论述了一门新兴学科的产生与发展历程。"

《传播学史》的写作工作是罗杰斯在 1991—1992 年的学年中进行的，该书于 1994 年正式出版，现有译作是根据其 1997 年的新版翻译的。虽然写史的方式有多种，但是最终罗杰斯选择通过传记式的编史工作，在人的基础上来理解传播学史，书中包含了很多罗杰斯搜集到的档案资料以及与传播学先驱者们进行的口头历史访谈。循着作者的脉络主线，从追根溯源传播学的欧洲起源：达尔文、弗洛伊德和马克思，到细致刻绘法兰克福学派、芝加哥学派和帕洛阿尔托学派的开创性作用，再到集中凸显拉斯韦尔、拉扎斯菲尔德、霍夫兰、卢因 4 位先驱者对传播学所作出的巨大贡献，以及作为集大成者的施拉姆的成就，我们仿佛伫立于整个传播学生成发展的历史长河之中，多少熟悉的著名人物、重大事件点缀其间，又不乏鲜为人知的逸事融汇交织、相映成趣、生机盎然，让人读来饶有兴致，不忍释卷。这里暂且列举几位：拉斯韦尔与施拉姆在一起交流学术时有时几乎忘记了时间；卢因非常谦和，不喜欢陈规陋习，经常邀请他的博士生到他家吃饭，允许学生对自己直呼其名；维纳 3 岁时就能够阅读达尔文等伟大科学家的书籍，18 岁时在哈佛大学获得哲学博士学位。

当然，罗杰斯对施拉姆无疑是有所偏爱的，"在有些人看来，没有像拉斯韦尔、拉扎斯菲尔德、卢因等先驱者，传播学不会取得它今天的地位；但是，正是由于施拉

姆，而不是其他人，传播本身成为一个领域"。所以，罗杰斯特意选取把全书 12 章篇幅中的两章留给了他。其中，特意描述了施拉姆 5 岁时候由于"一次不熟练的扁桃腺切除手术而得了严重的口吃"，对他的生活产生了某种影响，并最终导致他进入传播领域的经历。而罗杰斯对施拉姆"能够做（can-do）"的精神尤为赞赏，开篇便有这样一段描述：

施拉姆唯一的妹妹海伦比他小几岁，一度与一首难弹的钢琴曲战斗。他最后说道："我真搞不懂这首曲子会给你带来这么多的麻烦"，说完他坐下来，将那个曲子完美地演奏出来。后来在回忆这个事件的岁月时，施拉姆的妹妹愤愤不平地叫起来，"而他从前根本没学过钢琴啊！"

正是这种"能够做（can-do）"的精神，促使施拉姆从英国文学到新闻学教育，然后又到他所创造的传播学研究新领域的转向。书中的施拉姆不仅是传播学的奠基人，也是英语教授，还是水平很高的棒球队运动员、交响乐队的吹笛乐手、有执照的飞机驾驶员以及荣获"欧·亨利小说奖"三等奖的小说家。这些都为我们更好地了解这位传播学的继任者和综合者提供了最为丰富的素材。

"凡著述，有经验性、实用性而无理论性、前瞻性，失之过浅；有理论性、前瞻性，而无经验性、实用性，失之过虚。理论前瞻性如树之根、树之干；经验性、实用性如树之枝、树之叶，两者互为依存，缺一不可"。正如赵凯序中所言，"《传播学史——一种传记式的方法》就将这两者结合、交融得恰到好处"。因此，这本书不仅值得传播学专业的学生细心研读，还适合对传播学感兴趣的初学者们把握传播学的来龙去脉及其经典理论的生成背景。当然，这里需要提醒初学者，《传播学史——一种传记式的方法》并没有将传播学所包括的所有领域涵盖其中，正如罗杰斯本人所说，他坚持讲述着这个一般领域的发展史话，而每个专业的历史将留给其他人去阐述。

延伸阅读：

1. ［美］洛厄里、［美］德弗勒：《大众传播效果研究的里程碑》，刘海龙译，北京，中国人民大学出版社，2009。

2. ［美］丹·席勒：《传播理论史：回归劳动》，冯建三，罗世宏译，王维佳校译，北京，北京大学出版社，2012。

92.《传播政治经济学》

作者：文森特·莫斯可 著，胡春阳 等译
出版信息：上海译文出版社，2011 年版

对关注与好奇传播政治经济学的人来说，《传播政治经济学》的确是一本"从入门到精通"的好书。该书不仅是传播政治经济学的奠基人文森特·莫斯可的重要代表作，也是第一本关于传播政治经济学的教科书，第一版 1996 年一面世，就赢得了学界高度评价。第一版有两个中译本，一个是冯建三翻译的台湾版（1998），一个是胡正荣翻译的大陆版（2001）。由于这个领域在过去 10 多年得到充分发展，2009 年，莫斯可在第一版的基础上修订出版了第二个版本，中译版由胡春阳、黄红宇、姚建华完成，并由上海译文出版社于 2011 年出版发行。曹晋教授认为，"《传播政治经济学》是目前全球传播学界公认的批判传播理论的标志性作品"。

传播政治经济学作为西方传播学批判学派的一个重要分支，凝炼了政治学、社会学和传播学及马克思主义政治经济学等多门社会科学和人文学科精华，正如赵月枝教授在《传播与社会：政治经济与文化分析》中指出，这个流派完全有别于美国的经验学派，它着重分析西方传播体制的经济结构和市场经济运行过程，从而揭示文化工业的复杂性和通过资本实现的文化活动对社会过程的影响。通过对传播的所有权、生产、流通和受众消费等层面的分析，传播政治经济学试图展现传播的社会权力关系。

在莫斯可看来，"写新版不光是旧瓶装新酒，还要对旧瓶（旧的结构）本身进行重新思考"。因此，2009 年出版的修订版，不仅案例材料得以及时更新，而且全书的理论胸襟和讨论范畴更加开阔和深透，详细阐述了政治经济学的分析工具和理论积累路径，且以此解析当今全球化、数字化、商业化的传播产业、传播制度和传播现象背后权力扮演的角色。本书的结论是：重返阶级权力，因为阶级权力一直以来都在政治经济学中占有核心位置。

《传播政治经济学》将传播现象与传播活动置于具体社会情境的历史进程中考察，具有开阔的跨学科视野和深厚的理论归纳，正如莫斯可本人总结的那样，"该书集中笔墨描述了传播政治经济学是怎样通过为理论分歧架桥回应其边缘学科提出的挑战的，具体来说，是文化研究和公共选择理论向传播政治经济学提出的挑战。本书的结尾就是以应对挑战、架设新桥作简单结语"。

延伸阅读：

[美] 赫伯特·席勒：《大众传播与美利坚帝国》，刘晓红译，上海，上海译文出版社，2006。

93.《大众文化与传媒》

作者：陆扬、王毅 著
出版信息：上海三联书店，2000 年版

什么是文化？这个问题又好回答又不好回答。

说它好回答，是 18 世纪德国启蒙思想家赫尔德尔，在他的名著《人类历史哲学概要》中给文化定位过三个基本特征……

但具体地说，什么是文化？又是一个非常难解的问题。文化是各类艺术的总和？抑或它就是传媒：出版物、电台、电视加上电影？它是往昔的怀旧呢，还是闲暇时光的活动？它是为人共享的价值、观念、信仰，是一种心理状态、一种生活方式，抑或同自然环境进行交际的一种手段？或者文化是用来分门别类的组构形式？还是统而论之，文化包括了上面这一切东西？这些问题的确不是三言两语可以解答清楚，而且显而易见，它们可以方方面面延伸开去，成为你中有我，我中有你，无论如何也理不清楚的铺天盖地的一张大网。

说不清楚但总是也还有人在说……

——上述这段文字出自上海三联书店出版的《大众文化与传媒》一书的开篇，语言朴素平实、舒缓自如，陆扬、王毅两位作者如同坐在读者对面，就书中的话题娓娓道来，和风细雨，似要把简单的问题往复杂里说，实则把复杂的问题说得明了清晰。

《大众文化与传媒》共分为五章内容，即"文化和大众文化""从霸权理论到文化工业批判""制码/解码与民族志观众研究""公共领域与传媒""文化经济与抵制理论"，对较有代表性的几大批判学派的学术思想以及观点进行了梳理与点评，做了取精用宏的描述和提纲挈领的阐释，深入浅出、条分缕析。全书虽不足 10 万字，但可谓言简而意赅，理精而义明，在简约的著述中凸显了学术文化的含金量。

批判学派是在社会科学的法兰克福学派（从马克思主义理论出发对资本主义社会进行批判性研究）的影响下，以欧洲学者为主形成和发展起来的学派。基于批判立场的传播学研究从早期阶段就已存在，经过一定时间的积累和成熟，到了 20 世纪 60 年代才发展成与经验学派相抗衡的思想学派，成为传播学研究中的主流之一。批判学派实际上是对欧洲等国家不同于美国实证分析的经验研究派别立场，坚持批判的立场所进行的研究的总称，是不同观点、不同方法的集合体。根据其关注重点的不同，批判传播学派可以分为政治经济学派、文化研究学派、意识形态霸权理论以及哈贝马斯的批判理论等，虽然学派观点多有不同，但几乎所有的批判传播学研究学者都对与大众传媒尤其是电视媒介相伴随的大众文化给予了高度的重视，对大众文化带给社会的种种变化忧心忡忡。他们纷纷著书立说，致力于解析大众文化中所蕴含的意识形态功能，重新赋予社会一种理性与批判的回归力量。

虽然本书多在介绍批判学派有关大众文化与传媒的媒介理论思想，但作者自始至终以自身的观点和思想为主线，串起散落在批判学派大家中的媒介观点，进行理论的争锋和现实的考量，相信读者在阅读的过程中一定会受到启发。

延伸阅读：

1. 赵一凡：《西方文论讲稿》，北京，生活·读书·新知三联书店，2007。
2. 程巍：《中产阶级的孩子们——60 年代与文化领导权》，北京，生活·读书·新知三联书店，2006。

94.《娱乐至死》

作者：尼尔·波兹曼 著，章艳 译
出版信息：广西文学出版社，2011 年版

　　"这是一个娱乐之城，在这里，一切公众话语都日渐以娱乐的方式出现，并成为一种文化精神。我们的政治、宗教、新闻、体育、教育和商业都心甘情愿地成为娱乐的附庸，毫无怨言，甚至无声无息，其结果是我们成了一个娱乐至死的物种。"

　　这是一段经常被媒介批评家引用的话，出自当代最重要的传媒文化研究者和批评家之一尼尔·波兹曼的《娱乐至死》。虽然这本书剖析和批判的是由电视传媒所主导的文化，是对 20 世纪后半叶美国文化中最重大变化的探究和哀悼，但是，对于 21 世纪互联网时代的传播与文化问题仍然具有重要的启示意义，而且更加意味深长，值得一读再读。

　　波兹曼曾是美国纽约大学教授，创立了"媒介生态学"这个崭新的学科，一生出版过 20 余部著作，享有世界性的学术声誉。其中，代表作《娱乐至死》和《童年消逝》已译成多种文字在许多国家出版。波兹曼对后现代工业社会的深刻预见和尖锐批评，正是要唤醒在媒介营造的全面的带有颠覆性的娱乐化梦境中的人们。对此，他在《娱乐至死》的前言中以两个著名的"反乌托邦"寓言开篇，一是奥威尔的《1984》，一是赫胥黎的《美丽新世界》。波兹曼指出，这是文化精神枯萎的两种典型方式：一种是奥威尔式的——文化成了一个监狱；另一种是赫胥黎式的——文化成为一场滑稽戏。前者恐惧于"我们憎恨的东西会毁掉我们"，而后者害怕"我们将毁于我们热爱的东西"。波兹曼相信，奥威尔的预言已经落空，而赫胥黎的预言则可能成为现实，文化将成为一场滑稽戏，等待我们的可能是一个娱乐至死的"美丽新世界"，在那里"人们感到痛苦的不是他们用笑声代替了思考，而是他们不知道自己为什么笑，以及为什么不再思考"。

　　在很大程度上，波兹曼的媒介思想受到了他的导师麦克卢汉媒介思想的影响。他的"媒介即隐喻"的观点就是由麦克卢汉的"媒介即讯息"的观点发展而来的。但是，与麦克卢汉对电子媒介的美国式的乐观主义态度不同，波兹曼对电子媒介是持有怀疑和批判色彩的，他的一系列媒介思想在美国传媒学界产生了巨大的影响。师徒二人的媒介观，对我们深刻认识电子媒介及其历史意味提供了不同的思路与愿景。

　　在波兹曼的另一部代表作《童年的消逝》里，他所指的"童年的消逝"，并不是说特定生理年龄的生命群体不复存在，而是指"童年"作为一种特定的文化特征已经模糊不清。波兹曼认为"童年"的概念来自于"成年"的文化分界，这种区别不是天然固有的，而是在历史中"发明"出来。在中世纪的欧洲，社会传播模式以口语为主导，儿童与成人之间没有交往的技术性困难，彼此分享基本相同的文化世界，因此

"童年"并不存在。而在印刷技术普及之后，文字阅读开始成为主导性的传媒，儿童不得不经过相当长时期的学习和训练，在"长大成人"之后才能够获得属于成人的知识与"秘密"。这就在童年与成年之间建立了一道文化鸿沟。而电视时代的来临则重新填平了这条鸿沟，儿童不再需要长期的识字训练就能够与成人一起分享来自电视的信息，两者之间的文化分界被拆解了，于是，童年便消逝了。事实上，童年的消逝在另一种层面上也意味着"成年的消逝"，当一切文化都成为娱乐，成人与儿童一同成为"电视观众"，成人终将坠入"孩子气"的退化降级以及高品级思维和个性特征的丧失，而这也正是《娱乐至死》的题中之意。

反观移动互联时代，谁都逃离不了传播科技包裹的信息茧房，关键是我们如何在这样的时代对技术发展和社会心理有更清醒的认识，无论是《娱乐至死》还是《童年的消逝》，相信都会为读者认识现实和我们今天的生存状态带来一个很好的提醒。

延伸阅读：

[美] 尼尔·波兹曼：《童年的消逝》，吴燕莛译，北京，中信出版社，2015。

95. 《富媒体 穷民主——不确定时代的传播政治》

作者：罗伯特·W. 麦克切斯尼 著，谢岳 译
出版信息：新华出版社，2004 年版

《富媒体穷民主——不确定时代的传播政治》是批判传播学者麦克切斯尼的成名作。这本书的英文版刊印于世纪之交，麦克切斯尼遂被视为可与托马斯·潘恩等比肩的社会思想家。上述评价是否有过誉之嫌，在此不作评价，但麦克切斯尼的著述能够为其赢得这种评价，说明《富媒体穷民主——不确定时代的传播政治》并非一本单纯的学术著作，而是与现实联系紧密，并包含了改造现实的雄心壮志。这点从麦克切斯尼在本书结尾为美国公共广播（电视）制度积极擘画、苦心谏言就可见一斑。

另外，麦克切斯尼本人将斯威齐、诺姆·乔姆斯基、E. 赫曼在媒体、民主、市场方面的研究看作自己"媒体批评理论的重要来源"，并表示"我欠上述三人的知识和政治债务，终其一生也无法偿还"。尤其是乔姆斯基与 E. 赫曼合著的、自 20 世纪 80 年代起影响广泛的《制造共识》，可以说与《富媒体 穷民主——不确定时代的传播政治》形成了某种程度的延续关系。两本书都试图回答这样一个问题，即："为何资本主义媒体系统没有带来民主？"《富媒体 穷民主——不确定时代的传播政治》在这个问题的基础上继续追问："为何新自由主义并非民主的同路人？"

我们对"新自由主义"不该陌生。自 80 年代里根、撒切尔夫人上台以来，英、美两国政府开始采用市场最大化自我调节、政府最低限度干涉的一系列政策。在经济领域，新自由主义与罗斯福新政以来的经济政策（凯恩斯的国家资本主义政策）相左，80 年代以来，新自由主义全球扩张所带来的最显著后果之一，就是国有企业的大规模私有化。新自由主义的核心主张，表面看来与古典自由主义并无出入，但由于古典自由主义已经在历史实践中成为保守主义的重要基石，而且由于欧洲启蒙时期的弱国家传统，区域性乃至全球性经济共同体与民族国家间的矛盾、冲突在自由主义发展早期并未浮出水面，上述变化使得 80 年代的自由主义政策被冠以"新"的名号。

从 80 年代开始，新自由主义催生出了新的经济增长动力，挽救了资本主义生产体系中的内在危机，并借由全球化的力量，转移了英、美等国的经济危机。在美、英两国，90 年代迎来了经济高速发展的时期，而这一时期，在麦克切斯尼笔下，是美国媒体系统大规模兼并、垄断，并因为商业利益而放弃公共利益的关键时期。

以公共广播体系为例。麦克切斯尼认为，商业主义（commercialism）与民主政治并非天平两端的筹码。20 世纪早期美国报业中的商业主义，实际上有助于媒体摆脱政党政治的影响，独立、公正地介入美国的民主政治体系。但新自由主义的出现，使商

业主义向"唯利是图"（hyper-commercialism）转变，并最终破坏了商业主义与民主政治间的平衡关系。具体来说，30 年代是美国广播事业发展最为关键的转折点，当时主张广播事业公有化的活动家与其反对派在国会的影响力旗鼓相当，但由于众多原因，反对派最终赢得了胜利。其结果是出台了 1934 年的《通讯法》，奠定了美国广播事业的发展道路。它虽然不反对公共广播的存在，但是，允许广播私有化，实际上肯定了广播的商业化发展模式。而到了 90 年代，随着技术的进步，频谱稀缺的问题迎刃而解，频谱须由公共掌控的理由不复存在，于是媒介说客堂而皇之地动员国会制订新的立法，为媒体"松绑"，造成了 1996 年《电信法》的出笼，它允许媒体跨机构、跨行业兼并，世界 500 强纷纷介入媒体行业，媒介市场逐渐形成了垄断的局面。这导致民主政治文化在媒体高度发达的美国社会极度萎缩，也就是作者所说的"去政治化"（depolitize）现象，民主也因此变成了一种"没有公民"的政治游戏。

今天，我们再来阅读麦克切斯尼 10 余年前的著作，恐怕又别有一番滋味在心头。特朗普当选后，《纽约时报》《卫报》接连发表评论文章，将奥巴马卸任、特朗普当选与英国脱欧联系在一起，视之为"新自由主义终结"及"逆向全球化开启"的症候。在这样的背景下，英、美两国纷纷放弃普世价值转而拥抱民族国家的利益，全球政治经济新秩序正在开启。

延伸阅读：

1. [加] 哈克特、赵月枝：《维系民主？西方政治与新闻客观性》，沈芸、周雨译，北京，清华大学出版社，2010。

2. [美] 贝戈蒂克安：《媒体垄断》（第 6 版），吴靖译，石家庄，河北教育出版社，2004。

96. 《新媒介与创新思维》

作者：熊澄宇 编译

出版信息：清华大学出版社，2001 年版

2001 年，清华大学出版社出版发行了一套"清华传播译丛"，用以介绍国外传播学研究的最新成果，《新媒介与创新思维》就是其中的一本。虽然时隔近 20 年，但是翻开这本书，超媒体、人工智能、电子媒介、地球村、赛柏空间、人机交互、互联网等这些新媒介概念（其中有些已经发生或正在发生）仍然会让我们不禁感慨人类的创造性思维以及社会的科学进步。

清华大学熊澄宇教授在这本书中收录了有关上述内容创新思想的代表论文和论著节选 16 篇。文章的作者包括超媒体思想的开创者、美国罗斯福总统的科学顾问布什；人工智能的倡导者、英国科学家阿兰·图灵；控制论的创始人罗伯特·维纳；地球村概念的提出者加拿大传播学家麦克卢汉；赛柏空间的设计者、科幻小说家威廉·吉布森，以及亲身参与创建互联网的一批科学家。正如熊澄宇教授所言，这些文章虽然涉及信息、媒体和文化等不同领域，但大师们创新思维的共同点——对事物发展的洞察力和预见性——却表现得非常清晰。并且，我们可以发现，很多入选的文章都选自著名的科幻小说，而真实与科幻早已模糊了界限，这里不妨选择几篇一睹为快。

在这本书中，有一篇文章节选自科幻小说《神经漫游者》。《神经漫游者》是由一位居住在加拿大渥太华的美国科幻小说家威廉·吉布森（William Gibson）于 1984 年创作完成的享誉全球的名著。早在 30 多年前，纳米技术、身份盗窃、黑客入侵、计算机病毒，甚至是当下最火热的"谷歌眼镜"技术……就已经被吉布森将其不差毫厘地写入了这部小说里。这部小说还催生了《黑客帝国》，并史无前例地囊括"雨果奖""星云奖""菲利普·迪克奖"，保持着至今无人能破的纪录。吉布森在书中创造了赛柏空间（Cyberspace）这个词，并运用他的想象力描述了这样一个可以在人的神经上直接反馈虚拟的现实空间。后来，他在解释 Cyberspace 这一概念时说，"这是一个点，在这一点上，媒介会聚在一起并包围了我们。它是日常生活之外的超级延伸。在我所描述的 Cyberspace 中，从字面上讲，你可以用媒介把自己包裹起来，而无须察看你周围到底实际发生了什么"。

"风镜里放出一阵淡淡的烟一样的雾气，横陈在广的眼前，显示出一片失真的、广角的影像：这是一条灯火辉煌的林荫大道，一直延伸到无尽的黑暗之中。这条林荫大道并不真的存在，它是计算机勾勒的一个虚拟的空间。"这一段文字出自本书节选的同样深受赛柏爱好者推崇的科幻小说《大雪崩》（Snowcrash），作者是一位学过物理和地理的美国小说家尼尔·斯蒂芬。在这部小说中，Snow Crash 首先是一种计算机病毒，这种病毒可以作用于计算机，引起系统崩溃；也可以作用于计算机用户，使其头

脑失灵。Snow Crash 还是一种生物意义上的毒品，吸食后也有使头脑失灵的效果，并且上了瘾的人的血液也可以作为毒品再次使用。科学狂人 Rife 就是力图通过这两条途径来控制全人类的。小说主角 Hiro 是一名比萨饼的送货员，他在发现了病毒的奥秘和 Rife 的阴谋后，在现实世界和虚拟世界同时作战，既破解了计算机病毒又解救了数百万被感染的人。

此外，这本书还选录了世界畅销书《数字化生存》的作者、麻省理工学院媒体实验室的主任和创建者尼古拉·尼葛洛庞帝（Nicholas Negroponte）撰写的《人性化界面》（*Interface*）一文。众所周知，《数字化生存》这本书可以说是 20 世纪信息技术及理念发展的圣经，描绘了数字科技为我们的生活、工作、教育和娱乐带来的各种冲击和其中值得深思的问题，是跨入数字化新世界的最佳指南。而书中选录的《人性化界面》一文，也正是从尼葛洛庞帝对计算机人机界面的批评开始，提出目前界面中存在的种种不够人性的地方，展示了作者对于人性化界面的憧憬。作者从图形、虚拟现实、感知、语音输入输出、计算机代理人等几个方面，分别就其涉及的概念作了深入浅出的介绍；同时对计算机界面、输入输出工具和方法、界面的发展提出了自己带有预见性的见解。作者提出的让计算机看见、听懂人话、个人报纸、计算机代理人等，以及用并行显示的方法通过提高声音的质量让人们感觉到画面质量的提高，利用语音输入输出来解放双手，同时跨越输入工具的种种约束等思想，都点出了人机界面发展中的关键问题。

虽然这里只有 16 篇文章，却为读者们大体勾勒了从 20 世纪 40 年代中期到 20 世纪末期新媒体发展过程中的创新思维，相信读者在阅读中一定能够启迪思维、激发创新。

97. 《技术赋权——中国的互联网、国家与社会》

作者：郑永年 著，邱道隆 译
出版信息：东方出版社，2014 年版

　　随着科学技术的飞速发展、移动终端的迅速普及以及互联网的突飞猛进，中国互联网的发展无论在规模和速度上都实现了空前的飞跃，而所有与互联网有关的辩论的核心在于这种新技术会带来的潜在的社会政治结果。人们普遍认为，互联网的发展很可能会对中国造成巨大的社会政治影响。而如何把握这一宏大的命题，通过剥离现象及现象之间的关系，探索出事物背后的本质和相互联系的逻辑，并使得这种观察能够经受得住新的同类现象的检验，得出一种规律的解释，从纷繁复杂中把握实质，郑永年的这本《技术赋权：中国的互联网、国家与社会》为我们提供了一个参照。正如马凯特大学（Marquette University）中国问题专家麦康勉（Barrett McCormick）所言："如果你只有时间来阅读一本有关中国互联网的书，那么这本简明扼要且可读性极强的书将会是一个好的选择。"

　　本书原本旨在向西方世界介绍中国的互联网政治，所以原作是以英文撰写，并于2004 年出版。中译版由邱道隆翻译，并由东方出版社于 2014 年出版。虽然过去了 10多年，但是正如译者在译者序中所言，作者在书中的观察不仅没有过时，而且随着新事物的发展进一步得到验证和巩固，而这正是这本书的价值所在。

　　作为国际上最有影响力的中国互联网研究专家之一，郑永年在本书中超越了僵化的政策分析思路和简单的二元对立思路，对中国互联网的历史作了一次突破性的研究，细致又全面地就互联网对国家与社会关系的影响建立起一种政治学的分析。

　　全书共分为七个章节。在第一章中，作者进行的是历史回顾和文献回顾，为后续的铺陈奠定基础。第二章在中国民族国家建设的背景下检视信息技术的发展，阐述了为什么发展信息技术是中国现代民族国家建设的重要组成部分，并指出"科学的思维观念"是如何以"技术民族主义"的方式影响了近百年来当代中国的政治精英，从而推动他们利用科学技术来建设民族国家。而信息技术的这种发展所催生的信息社会在使国家和社会都受益的同时，也不可避免地导致了网络风险的兴起。正是互联网的这种双重功能，开启了国家和社会在互联网公共领域内的互动，从而为后续几章的内容奠定了背景基础。第三章则试图对这样一个问题"中国领导人是如何一手促进信息技术的快速发展，一手应对这些意料之外的后果"进行回答。第四章检视了互联网如何能够导致从政治自由化到政治民主化的政治变革。正如译者所言，出于"解释中国"的考虑，郑永年在书中采用了另一种"中体西用"的方式，例如，作者在解释互联网给中国社会带来的"政治自由化"时，为了避免与中国语境下略带负面词义的"资产阶级自由化"相区分，也对其具体含义做了定义，那就是"推动了政治开放性、增加了政治透明度和产生了政治责任制"。

第五章则检视了基于互联网的公民参与。第六章关注的是国家和社会在互联网公共空间的战略互动。从作者的研究中可以看出，国家与社会之间在互联网公共领域的互动并非全然是一种零和博弈，在双方的互动中，有时候是国家胜出，有时候是社会胜出，而还有一些时候，是双方得到了双赢的结局，这时候，作者称之为二者"相互改造"的结局就出现了：国家得以借助网络推动社会运动，引领群众舆论来推动政治变革，改变现存的不合理制度和政策，改善自己的公众形象，提升执政能力和水平；而社会群体也从这种变化中受益，得到了发展与进步的新机会。在最后一章里，作者提出了全书的一个终极问题：信息技术是否能够推动中国的政治变革？作者认为，从渐进的政治自由化中发生变革是中国更为现实的方案，其结果是政治自由化与国家和社会的相互改造。这也就是作者在本书中所要回答的问题及其答案。

此书对于专业研究者、国家管理者和行政决策者提供了极具价值的参考。

延伸阅读：

彭兰：《中国网络媒体的第一个十年》，北京，清华大学出版社，2005。

何威：《网众传播——一种关于数字媒体、网络化用户和中国社会的新范式》，北京，清华大学出版社，2011。

98.《传播与社会：政治经济与文化分析》

作者：赵月枝 著
出版信息：中国传媒大学出版社，2011年版

1997年秋，也就是我博士毕业后去美国加州大学圣迭哥分校任教的第一学期。当时，我还没接触到中文电脑输入，而长期在电脑上用英文写作的过程又使我养成了边写边改的习惯。在阳光灿烂的日子里，我——一位"抛夫别女"，孤身一人在美国加州做跨国知识劳工的华人学者——在家旁一个充满南欧情调的棕榈树婆娑的购物广场角上的一家咖啡馆里，五易其稿，用颇受英语长句式影响的学术中文写成这篇手稿。后来时任《新闻与传播研究》编辑的孙五三教授安排了电脑输入，郭镇之教授为我做了中文润色。就这样，这篇文章终于成了中文传播学术大海中的一滴水。

上述这段出自赵月枝对她所著《传播与社会：政治经济与文化分析》第6章第一个版本的成稿经过的一段回忆，这也是她的第一篇中文学术文章。正如她在书的后记中所言，"任何一部著作，必然是学术共同体的结晶和特定学术公共领域的一部分，《传播与社会：政治经济与文化分析》更是如此"。

赵月枝1965年出生于浙江省缙云县，1984年毕业于北京广播学院新闻系。1986年，在中国对外开放政策的背景下，她以公费留学生身份赴加拿大攻读传播学硕士学位，1996年获加拿大西门菲莎大学传播学博士学位；1997年至2000年任美国加州大学圣迭戈分校传播系助理教授；2000年至今在加拿大西门菲莎大学传播学院任教，现为该学院全球传播政治经济学加拿大国家特聘教授；2009年受聘中国传媒大学长江学者讲座教授；2017年受聘清华大学特殊聘用教授。正是这种丰富的跨国学术研究经历使赵月枝对"自由""平等"这两个问题的思考始终都离不开对东西方关系、民族国家范畴，以及"资本主义"与"社会主义"这一对相关的政治经济和社会文化概念的审视。

如果说前面推介过的传播政治经济学奠基人莫斯可的《传播政治经济学》是读者了解传播政治经济学一般理论、历史及方法的必读书目，那么在这本《传播与社会：政治经济与文化分析》里，赵月枝收录了10余年来论及中国传播与社会问题的大量倾心之作，既有严谨的传播政治经济学的理论框架，又有深刻的文化与社会关怀，也同样应当成为想要跨入传播政治经济学领域的读者的必读书目之一。

《传播与社会：政治经济与文化分析》是由"理论视野""帝国时代的世界传播""世界结构中的中国传播"与"另一个世界是可能的"四编构成，共18章。本书展现

了跨文化传播政治经济研究的广阔知识视野，并提供了将文化、传播置于社会权力关系中进行考察的研究路径。作者以"权力"与"社会"这两个富有解释力的核心范畴，通过讨论"帝国时代"世界传播的新自由主义逻辑和中国媒介商业转型的历史困境，并通过一种整体性的历史视野覆盖了全球化、主权、民主、平等、公共性、多样性等现代政治中最重要的议题，一旦突破了寻求"内部"规律的"去政治化"窠臼，传播研究将释放出理解当代世界与中国问题的巨大潜力。在这个意义上，这部著作既有深厚的学理，又有丰富的案例，即有国际的视野，又有中国的情怀，既剖析了媒介景观背后的权力结构，也挑战了当下传播研究的典型知识症候，是一本充满敏锐洞见的学术著作。

延伸阅读：

李彬：《中华人民共和国新闻论》，北京，北京大学出版社，2015。

99.《宣传：观念、话语及其正当化》

作者：刘海龙 著
出版信息：中国大百科全书出版社，2013 年版

本书是宣传概念的历史，也是宣传观念的历史，追溯了第一次世界大战中宣传概念的产生、美国 20 世纪初宣传与民主的争论、俄国革命的宣传观念、第二次世界大战中的宣传观念、20 世纪后期的新宣传等宣传观念发展的重要环节，并以此为背景，重点研究了中国宣传观念的产生、国民党和共产党宣传观念的建立、知识分子与宣传、1949 年之后中国宣传观念的变迁等问题。

全书细致整理并描述了 20 世纪以来各种宣传观念和话语的交锋，以及围绕宣传观念、话语展开的权力争夺：国家与个体、控制与自由、启蒙与现代化。从这样的学术视角中，我们不难找到知识社会学与福柯式话语分析的痕迹，但作者在近代中西方政治、不同的传播思想之间不断"穿梭往返"，因此，用某一种方法或固定视角去概括与总结全书，反而显得太无趣了。不妨在通读全书的基础上，不断感受作者在问题意识的牵引下，对于材料、思想及理论的总结与梳理。

具体来说，全书的第一章集中介绍了本书的理论、方法与问题意识。第二章"非理性人的发现：宣传观念的兴起"集中讨论了第一次世界大战背景的西方宣传行为及相关研究的语境。如果将这部分内容与拉斯韦尔的《世界大战中的宣传技巧》进行对比阅读，就会发现后者属于经验学派式的书写，而本章内容则带上了批判色彩。第三章"宣传与民主"探讨了二者的关系。第四章"传播与革命"，详述了苏俄的宣传行为和宣传观念研究。第五章"唤醒国民：中国宣传观念的产生"、第六章"知识分子与宣传：中国现代宣传观念的分化"又进入了中国的历史语境。这两章以时间为线索，从中国现代报业开端、基督教传教士办报的历史开始，梳理了从太平天国、清末改良运动一直到国民党、共产党对苏联宣传观念的引入，尤其是抗日时期的宣传研究。第七章"从'总体战'到'一体化'"又进入了第二次世界大战的历史语境。

第八章"中国当代宣传观念的形成与发展"、第九章"中国共产党宣传观念的冲突与体制化"、第十章"从旧宣传到新宣传"、第十一章"中国当代宣传观念的转型"则进入了宣传的中国语境和现实问题。其中触及 20 世纪 80 年代中国新闻界内部关于"党性与人民性"的讨论，以及官方"反对精神污染"的运动，上述争论中可以隐藏"宣传之正当性"的问题。换言之，全书前七章以时间为经、地理为纬，描画了宣传

观念与话语的起源和发展，那么，这样的梳理本身就包含了关于"宣传之正当化"这一过程的详介，那么，从第八章开始，关于正当化过程以及宣传本身的正当性问题就逐渐浮出水面了，这也是全书尝试讨论的关键问题之一。

　　有关"宣传正当与否"的问题，无疑与时代情境、社会思潮以及权力结构有关。作者并没有回答这个问题，而是揭示了问题本身的复杂性，以及读者在回答问题时需要了解的理论思路。从这个角度来讲，本书是一部发人思考的作品。

延伸阅读：

　　［美］科瓦齐等：《新闻的十大原则》，北京，北京大学出版社，2011。

100. 《新中国对外宣传史——建构现代中国的国际话语权》

作者：姚遥 著

出版信息：清华大学出版社，2014 年版

1970 年盛夏，在风景秀丽的巴黎近郊，中国驻法大使馆迎来一位特殊的客人——寄居瑞士的美国记者埃德加·斯诺。此前数月，国内已多次发来急电，嘱托驻法大使黄镇尽速找到斯诺，并说服其即日访华。

这可着实是个难题。斯诺是中国人民的老朋友，他曾多次以记者身份对外报道中国的历史与现实。然而，1966 年以来，斯诺与中国的关系出现微妙的变化，他希望再次访华的申请皆被拒之门外，在外交部大院，造反派贴出大字报："斯诺是美国中央情报局派往中国的间谍。"

通过斯诺在法国的出版经纪人，黄镇千方百计将他邀请到中国大使馆做客。然而，受过伤害的人最怕再次被人愚弄，从下午谈到深夜，斯诺始终以"身体欠佳"为由，拒绝向中国政府提出访华申请。黄镇锲而不舍，直至将毛泽东和周恩来邀其访华的决心与用意和盘托出，才终于打消了斯诺心中的重重疑虑。

几个月后，在天安门城楼上，毛泽东拉着斯诺的手，一同参加了中华人民共和国成立 21 周年的国庆大典。在随后的几次会谈中，毛泽东对斯诺表示：

如果尼克松愿意来，我愿和他谈，谈得成也行，谈不成也行；吵架也行，不吵架也行；当作旅游者来也行，当作总统来也行，总而言之，都行。

——正是上述这一富含深意的新闻事件，向全世界传递了重要的舆论信号，为中国的对外关系史进入新的阶段拉开了序幕。姚遥博士所著《新中国对外宣传史——建构现代中国的国际话语权》一书，将这一段历史掌故作为封面故事呈现了出来。

姚遥，清华大学博士，哈佛大学肯尼迪政府学院"中美富布莱特项目"联合培养博士，中共中央党校国际战略研究所博士后，致力于研究国际关系、公共外交，国家软实力等政策课题。这本书是姚遥博士在导师李彬教授指导下辛勤耕耘的收获，洋洋洒洒 40 余万字，回顾了中华人民共和国建构国际话语权的对外宣传实践，是第一部系统论述中华人民共和国外宣历史的学术著述，案例翔实，内容丰富，视野开阔，叙事生动。读后如清风拂面，却又不免让人陷入沉思，历史的长河奔腾不息，纷繁浩杂、千头万绪。"对外宣传，并非只是报纸杂志上的新闻稿，或者电视屏幕上的宣传片，

在对外宣传背后，实则隐藏着一段段千回百转、交错纵横的历史因缘"，正如作者所言："只有当我们将'对外宣传'放入更长时段的历史语境，才可能透过抽象名词的表层，看清蕴藏其中的生动鲜活的历史脉络，及其与中华民族历史命运之间千丝万缕的意义关联。"

对于希望了解以及研究中国对外宣传史的读者来说，本书具有非常重要的参考价值。且不论其他，单就由中国外交部原部长李肇星，中共中央对外宣传办公室（国务院新闻办公室）原主任赵启正，以及哈佛大学研究中国问题的开宗学者、《邓小平时代》的作者傅高义3位前辈大家作序就可见一斑。在李肇星看来，这本书总体读后感，"与我几十年来在老前辈和同龄人帮助下为增进中外人民相互了解的心得相通：人民至上，人民万岁"。赵启正认为："本书将中华人民共和国的国际关系史与对外宣传史并行回顾，以丰富史料和典型案例为依据，勾画了中华人民共和国60多年来对外宣传事业的历史沿革，对'文革'等不同时期的教训和失误也没有回避，进行了详尽细致的论述与分析，为中国对外关系的理论研究和软实力建设提供了有益的学理参考与实践启发。"傅高义表示："今天研究中国的我们这一代洋学者，在姚瑶博士所呈现的这段历史中发现了别样的回味。"

展望未来，中国与世界的历史还将继续书写。而只有了解历史，才能预知未来。通读著作，深刻体会作者的期待——"走出一条适合中国自己的、'宣之有效''交人交心'的对外宣传与公共外交之路"。

责任所在，任重而道远。

延伸阅读：

1. 李肇星：《说不尽的外交》，北京，中信出版社，2013。

2. 中国外文局对外传播研究中心：《向世界说明中国（赵启正演讲谈话录）》，北京，新世界出版社，2005。

写在后面

这个书目，说来话长。

40 年前，"文革"结束，恢复高考，我成为"七七级"大学生。入学不久，每人拿到一份书目，记得是教育部拟定的。当时，我们对大学生活懵懵懂懂，读书同样如坠五里云雾，有了这份书目便觉得书山有路，只需有样学样，一本本读下来自然渐入佳境。

后来，自己当了大学老师，尤其担任院系领导后，就想着为学生提供一份类似书目，在其学业起步阶段，成为一种实用的引导。虽说大学讲究博览群书，读什么算什么，不必定于一尊，讲求一律，书目也难免见仁见智。但是，对如我这般"中才之人"来说，入门之际有个引导，还是不无作用的。

为此，我发动学界朋友，群策群力，提供值得一读的经典名著，再几经推敲，草成一份"400 种书目"，包括必读 100 种，选读 100 种，参考 200 种。1998 年博士毕业，受聘中国青年政治学院新闻与传播系主任，上任伊始，重拾此事，斟酌损益，然后印成小册子，发到学生手中，就像自己当年拿到书目的样子。

3 年后，调入清华。随着新闻学院的成立，我先做院长助理，又一度担任副院长，这份书目就一直伴随着自己的"读书、教书、写书"生涯，并贯彻于教学管理过程。鉴于时代变化，400 种书目先压缩到 200 种，再减少至 100 种，同时分为博通类 50 种，专业类 50 种。

其时，网络开始兴盛，这个书目不知何时传到网上，让人亦喜亦忧。喜的是有更多人受惠，忧的是无论 400 种，还是 100 种，原只供"内部参考"，只求管用而不曾想为"外人"道也。

而今，既然公之于众，就只得公事公办并力求完善。其间，《新闻界》和《新闻记者》杂志尤为给力，前者第一次刊发了百种书目，后者通过微信公众号，推介了最新版本以及另一份研究生的"50 种书目"。此外，清华大学出版社纪海虹编辑允准几部拙著将百种书目作为附录一并付梓，就连这部小书也源于她的动议，认为如果配以适当"导读"，应该更有帮助，更受读者欢迎。

于是，我们编写了这部百种书目导读。所谓百种并非实数，因为每一种都兼及若干种相关书目，总计还在数百种。如将 100 种视为必读或应读，那么其余书目就作为选读。需要说明的是，这个书目始终冠以"新闻传播学基础书目"，针对的只是普通学子的专业入门问题，而非高端问题。

本书由清华大学新闻与传播学院 10 位博士、博士生、博士后共同编写，每人承担10 种，他们是：涂鸣华、常江、黄卫星、张垒、沙垚、李海波、吐尔孙、付蔷、宫京成、武楠。书成后，又蒙原新华社总编辑南振中允准，将其大作《把"阅读"培养成为新闻工作者的一种爱好》，为我们的"导读"画龙点睛。特此说明，谨致谢意。

李 彬

2017 春节于清华